Caro aluno, seja bem-vindo!

A partir de agora, você tem a oportunidade de estudar com uma coleção didática da SM que integra um conjunto de recursos educacionais impressos e digitais desenhados especialmente para auxiliar os seus estudos.

Para acessar os recursos digitais integrantes deste projeto, cadastre-se no *site* da SM e ative sua conta.

Veja como ativar sua conta SM:

1. Acesse o *site* <www.edicoessm.com.br>.
2. Se você não possui um cadastro, basta clicar em "Login/Cadastre-se" e, depois, clicar em "Quero me cadastrar" e seguir as instruções.
3. Se você já possui um cadastro, digite seu *e-mail* e sua senha para acessar.
4. Após acessar o *site* da SM, entre na área "Ativar recursos digitais" e insira o código indicado abaixo:

AJHIS-A5K8M-QDSBQ-CVM2M

Você terá acesso aos recursos digitais por 12 meses, a partir da data de ativação desse código.

Ressaltamos que o código de ativação somente poderá ser utilizado uma vez, conforme descrito no "Termo de Responsabilidade do Usuário dos Recursos Digitais SM", localizado na área de ativação do código no *site* da SM.

Em caso de dúvida, entre em contato com nosso **Atendimento**, pelo telefone **0800 72 54876** ou pelo *e-mail* **atendimento@grupo-sm.com** ou pela internet <www.edicoessm.com.br>.

Desejamos muito sucesso nos seus estudos!

Requisitos mínimos recomendados para uso dos conteúdos digitais SM

Computador	Tablet	Navegador
PC Windows • Windows XP ou superior • Processador dual-core • 1 GB de memória RAM **PC Linux** • Ubuntu 9.x, Fedora Core 12 ou OpenSUSE 11.x • 1 GB de memória RAM **Macintosh** • MAC OS 10.x • Processador dual-core • 1 GB de memória RAM	**Tablet IPAD IOS** • IOS versão 7.x ou mais recente • Armazenamento mínimo: 8GB • Tela com tamanho de 10" **Outros fabricantes** • Sistema operacional Android versão 3.0 (Honeycomb) ou mais recente • Armazenamento mínimo: 8GB • 512 MB de memória RAM • Processador dual-core	*Internet Explorer 10* *Google Chrome 20* ou mais recente *Mozilla Firefox 20* ou mais recente Recomendado o uso do Google Chrome Você precisará ter o programa Adobe Acrobat instalado, *kit* multimídia e conexão à internet com, no mínimo, 1Mb

Aprender juntos

1 DESTAQUE o seu *toy* do encarte.

2 DOBRE todas as abas com vincos.

Siga o modelo para montar o seu *toy*.

3 ENCAIXE as partes com números iguais, unindo sempre uma bolinha azul com uma vermelha.

4 ENCAIXE a panela de mingau sobre a cabeça da personagem, como indicado pelos números.

5 DESENHE sua careta no cartão em branco e depois encaixe-o na face da personagem.

ESTE MATERIAL É UM COMPLEMENTO DA OBRA APRENDER JUNTOS – HISTÓRIA 5. VENDA PROIBIDA.

Aprender juntos

HISTÓRIA 5

ENSINO FUNDAMENTAL
5º ANO

RAQUEL DOS SANTOS FUNARI
- Licenciada em História pela Faculdade de Filosofia, Ciências e Letras de Belo Horizonte.
- Mestra e doutora em História pela Universidade Estadual de Campinas (Unicamp).
- Pesquisadora colaboradora do Departamento de História do Instituto de Filosofia e Ciências Humanas da Unicamp.
- Professora de História e supervisora de área no Ensino Fundamental e Médio.

MÔNICA LUNGOV
- Bacharela e licenciada em História pela Universidade de São Paulo (USP).
- Consultora pedagógica e professora de História no Ensino Fundamental e Médio.

ORGANIZADORA: EDIÇÕES SM
Obra coletiva concebida, desenvolvida e produzida por Edições SM.

São Paulo,
5ª edição
2016

sm

Aprender Juntos – História 5
© Edições SM Ltda.
Todos os direitos reservados

Direção editorial	Juliane Matsubara Barroso
Gerência editorial	José Luiz Carvalho da Cruz
Gerência de *design* e produção	Marisa Iniesta Martin
Coordenação pedagógica	Regina de Mello Mattos Averoldi
Edição executiva	Robson Rocha
	Edição: Isis Ridão Teixeira, Vanessa do Amaral
	Apoio editorial: Flávia Trindade, Camila Guimarães
Coordenação de controle editorial	Flavia Casellato
Suporte editorial	Alzira Bertholim, Camila Cunha, Giselle Marangon, Mônica Rocha, Talita Vieira, Silvana Siqueira, Fernanda D'Angelo
Coordenação de revisão	Cláudia Rodrigues do Espírito Santo
	Preparação e revisão: Ana Catarina Nogueira, Lu Peixoto, Sâmia Rios, Valéria Cristina Borsanelli Marco Aurélio Feltran (apoio de equipe)
Coordenação de *design*	Rafael Vianna Leal
	Apoio: Didier Dias de Moraes
	***Design*:** Leika Yatsunami, Tiago Stéfano
Coordenação de arte	Ulisses Pires
	Edição executiva de arte: Melissa Steiner
	Edição de arte: Wilians dos Santos Joaquim
Coordenação de iconografia	Josiane Laurentino
	Pesquisa iconográfica: Bianca Fanelli, Susan Eiko
	Tratamento de imagem: Marcelo Casaro
Capa	Estúdio Insólito e Rafael Vianna Leal sobre ilustração de Carlo Giovani
Projeto gráfico	Estúdio Insólito
Papertoys	Ilustração e planificação: O Silva
	Apoio para orientações pedagógicas: Ana Paula Barranco e Maria Viana
Editoração eletrônica	Essencial Design
Ilustrações	Alex Rodrigues, AMj Studio, Ilustra Cartoon, Marcelo Gagliano
Fabricação	Alexander Maeda
Impressão	EGB-Editora Gráfica Bernardi Ltda

Dados Internacionais de Catalogação na Publicação (CIP)
(Câmara Brasileira do Livro, SP, Brasil)

Funari, Raquel dos Santos
  Aprender juntos história, 5º ano : ensino fundamental / Raquel dos Santos Funari, Mônica Lungov ; organizadora Edições SM ; obra coletiva concebida, desenvolvida e produzida por Edições SM ; editor responsável Robson Rocha. – 5. ed. – São Paulo : Edições SM, 2016. – (Aprender juntos)

  Suplementado pelo Guia Didático.
  Vários ilustradores.
  Bibliografia.
  ISBN 978-85-418-1468-3 (aluno)
  ISBN 978-85-418-1470-6 (professor)

  1. História (Ensino fundamental) I. Lungov, Mônica.
II. Rocha, Robson. III. Título. IV. Série.

16-04056   CDD-372.89

Índices para catálogo sistemático:
1. História : Ensino fundamental 372.89

5ª edição, 2016
2ª impressão, 2017

Edições SM Ltda.
Rua Tenente Lycurgo Lopes da Cruz, 55
Água Branca 05036-120 São Paulo SP Brasil
Tel. 11 2111-7400
edicoessm@grupo-sm.com
www.edicoessm.com.br

Apresentação

Caro aluno,

Este livro foi cuidadosamente pensado para ajudá-lo a construir uma aprendizagem sólida e cheia de significados que lhe sejam úteis não somente hoje, mas também no futuro. Nele, você vai encontrar estímulos para criar, expressar ideias e pensamentos, refletir sobre o que aprende, trocar experiências e conhecimentos.

Os temas, os textos, as imagens e as atividades propostos neste livro oferecem oportunidades para que você se desenvolva como estudante e como cidadão, cultivando valores universais como responsabilidade, respeito, solidariedade, liberdade e justiça.

Acreditamos que é por meio de atitudes positivas e construtivas que se conquistam autonomia e capacidade para tomar decisões acertadas, resolver problemas e superar conflitos.

Esperamos que este material didático contribua para o seu desenvolvimento e para a sua formação.

Bons estudos!

Equipe editorial

Conheça seu livro

Conhecer seu livro didático vai ajudar você a aproveitar melhor as oportunidades de aprendizagem que ele oferece.

Este volume contém quatro unidades, cada uma delas com três capítulos. Veja como cada unidade está organizada.

Abertura da unidade

Grandes imagens iniciam as unidades. Aproveite para fazer os primeiros contatos com o tema a ser estudado.

Início do capítulo

Essa página marca o início de um novo capítulo. Textos, tabelas, imagens variadas e atividades vão fazer você pensar e conversar sobre o tema.

Desenvolvimento do assunto

Os textos, as imagens e as atividades dessas páginas permitirão que você compreenda o conteúdo que está sendo apresentado.

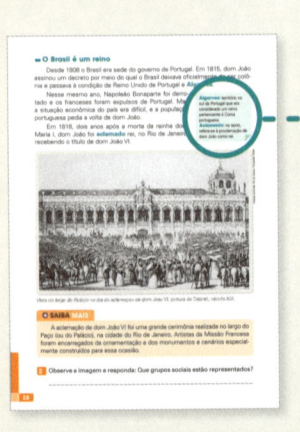

Glossário

Ao longo do livro você encontrará uma breve explicação de algumas palavras e expressões.

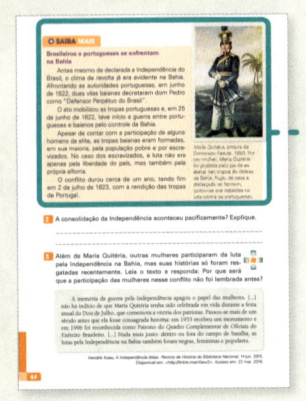

Saiba mais

Conheça outras informações que se relacionam com os assuntos estudados.

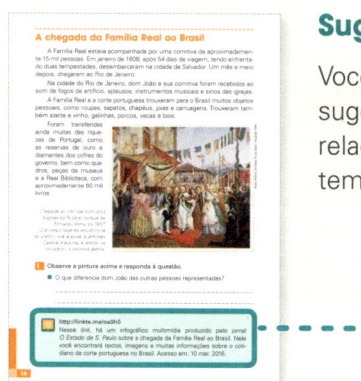

Sugestão de *site*

Você vai encontrar sugestões de *sites* relacionados aos temas estudados.

Fontes históricas

A seção **Registros** apresenta diferentes tipos de fontes históricas. São materiais que os historiadores exploram para estudar o passado.

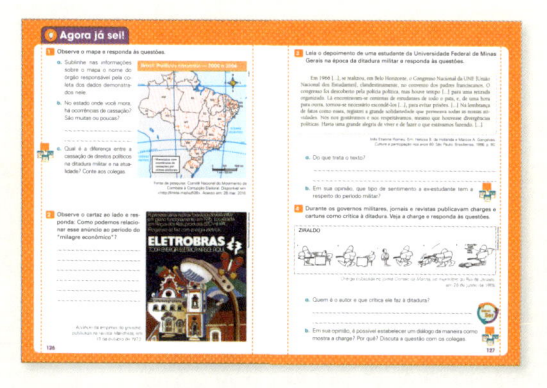

Finalizando o capítulo

As atividades da seção **Agora já sei!** são uma oportunidade para rever os conteúdos do capítulo.

Finalizando a unidade

As atividades práticas propostas na seção **Vamos fazer!** vão ajudar você a entender melhor os assuntos.

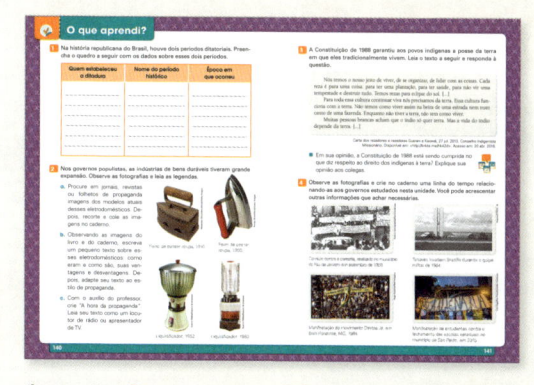

A seção **O que aprendi?** é o momento de verificar o que aprendeu. Dessa forma, você e o professor poderão avaliar como está sua aprendizagem.

Ícones usados no livro

- Atividade em dupla
- Atividade oral 
- **Saber ser** — Sinaliza momentos propícios para o professor refletir com a turma sobre questões relacionadas a valores. 
- Atividade em grupo 
- Roda de conversa 
- **OED** — Indica que há um Objeto Educacional Digital a ser explorado no livro digital.

Sumário

UNIDADE 1 — A Independência do Brasil

CAPÍTULO 1
A mudança da Família Real portuguesa para o Brasil › 10

- A situação da Europa › 11
- A decisão dos portugueses › 12
- A saída › 13
- A chegada da Família Real ao Brasil › 14
- A primeira medida › 15

Agora já sei! › 16

CAPÍTULO 2
A corte portuguesa no Brasil › 18

- Mudanças no dia a dia › 19
- Novos espaços e instituições › 20
- O Brasil pintado por viajantes › 21
- Os artistas franceses › 22
- **Registros:** Portal preservado › 22
- Debret › 23
- Outros viajantes › 23

Agora já sei! › 24

CAPÍTULO 3
O processo de independência › 26

- A um passo da autonomia política › 27
- O Brasil é um reino › 28
- A Família Real retorna a Portugal › 29
- O governo de dom Pedro, príncipe regente › 30
- A Independência › 31
- O preço do reconhecimento da Independência › 31
- O que mudou para a maioria? › 32
- **Registros:** Pinturas históricas: as intenções por trás da obra › 33

Agora já sei! › 34

VAMOS FAZER!
Jornal mural › 36

O QUE APRENDI? › 38

UNIDADE 2 — O Brasil imperial

CAPÍTULO 1
O início do período monárquico › 42

- Dom Pedro I governa o Brasil › 43
- A consolidação da Independência › 43
- A primeira Constituição do Brasil › 45
- A abdicação do imperador › 46
- Regentes governam o Brasil › 47
- Rebeliões: questões sociais e políticas › 48
- O Golpe da Maioridade › 50
- **Registros:** Os conflitos nos mapas › 51

Agora já sei! › 52

CAPÍTULO 2
1840: o Brasil tem novamente um imperador › 54

- Dom Pedro II governa o Brasil › 55
- Os dez primeiros anos › 55
- Modernização tecnológica › 56
- Desigualdades › 57
- A cultura nacional › 58
- A vida na corte › 58
- **Registros:** Costumes: vestimentas, louças, utensílios... › 59
- A Guerra do Paraguai › 60
- Os efeitos da guerra › 60
- A participação dos escravizados › 61
- As mulheres na Guerra do Paraguai › 61

Agora já sei! › 62

CAPÍTULO 3
O fim da monarquia › 64

- Crise da monarquia › 65
- **Registros:** Charge › 65
- As camadas médias da sociedade › 66
- Abolição da escravidão › 66
- A Proclamação da República › 68
- A partida da família imperial › 69

Agora já sei! › 70

VAMOS FAZER!
Mapa histórico › 72

O QUE APRENDI? › 74

UNIDADE 3 — O Brasil republicano I

CAPÍTULO 1
A Primeira República › 78

Uma república oligárquica › 79
A Constituição de 1891 › **79**
O poder das oligarquias › **80**
Registros: Revistas humorísticas › **81**
Movimentos sociais na Primeira República › 82
No campo › **82**
Na cidade › **84**
Agora já sei! › 86

CAPÍTULO 2
O governo Vargas › 88

O golpe de 1930 › 89
O governo provisório › **90**
A Constituição de 1934 › **90**
O Estado Novo › 91
O governo ditatorial de Vargas › **91**
O populismo › **92**
Registros: Propaganda › **92**
O rádio › **93**
O fim do Estado Novo › **93**
Agora já sei! › 94

CAPÍTULO 3
Redemocratização e populismo › 96

A redemocratização e o governo Dutra › 97
A Constituição de 1946 › **97**
A política de Dutra e o contexto mundial › **98**
A televisão brasileira › **99**
Registros: Suportes sonoros e visuais › **99**
O retorno de Vargas › 100
Políticas nacionalistas › **101**
O fim do governo Vargas › **102**
Registros: Carta-testamento de Getúlio Vargas › **103**
Agora já sei! › 104

VAMOS FAZER!
Cartaz › **106**

O QUE APRENDI? › 108

UNIDADE 4 — O Brasil republicano II

CAPÍTULO 1
O Brasil democrático › 112

O período de 1955 a 1964 › 113
Juscelino Kubitschek (1956-1961) › **113**
A nova capital: Brasília › **114**
Jânio Quadros (1961) › **114**
João Goulart (1961-1964) › **115**
O golpe militar › **115**
A vida nos anos 1950-1960 › 116
Mudanças nos costumes › **117**
Registros: Moda › **117**
Um mundo mais consciente › **118**
Agora já sei! › 120

CAPÍTULO 2
Governos militares › 122

A ditadura › 123
As primeiras reações à ditadura › **123**
Anos de chumbo › 124
O "milagre econômico" › **125**
Agora já sei! › 126

CAPÍTULO 3
A democracia de novo › 128

O início de uma Nova República › 129
Um presidente civil e a nova Constituição › **129**
Os povos indígenas e a Constituição de 1988 › **130**
As terras indígenas › **130**
Eleição direta para presidente › **131**
Desigualdade e exclusão social › 132
Cidadania hoje › **134**
Agora já sei! › 136

VAMOS FAZER!
Jogos › **138**

O QUE APRENDI? › 140

SUGESTÕES DE LEITURA › 142

BIBLIOGRAFIA › 144

UNIDADE 1
A Independência do Brasil

Até o início do século XIX, o Brasil era colônia de Portugal, por isso a população que vivia aqui estava subordinada ao governo português. O processo que levou à Independência do Brasil foi longo...

- Na Bahia, os cortejos em comemoração à independência ocorrem durante o mês de julho. Qual é o nome do cortejo da ilustração e onde ele acontece?

- Como as pessoas estão vestidas? Por que será que elas estão assim?

- E você, como assustaria as tropas inimigas? Monte o *toy* que está no início do livro e desenhe nele a careta que você faria! Depois, utilize-o para mostrar aos colegas como você assustaria os soldados.

- Por que será que o governo português queria impedir o Brasil de se tornar independente? Conte suas hipóteses aos colegas.

Cena de cortejo que ocorre entre a noite de 1º de julho e a madrugada de 2 julho em Saubara, BA, conhecido como Caretas de Mingau. Esse cortejo faz homenagem às mulheres que lutaram nas batalhas pela Independência do Brasil. Na época, elas se fantasiavam para assombrar os soldados portugueses e levar mantimentos aos combatentes baianos.

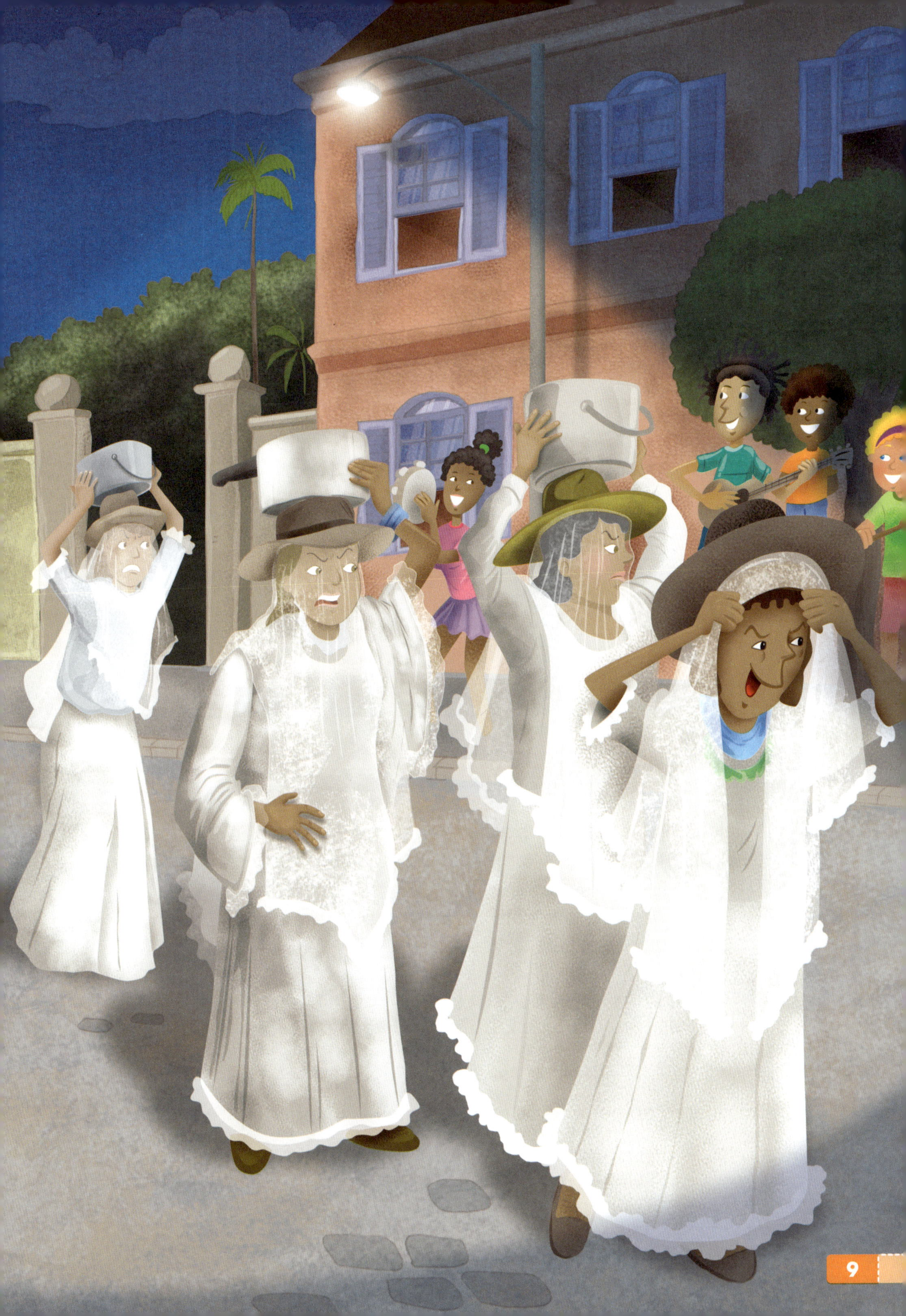

CAPÍTULO 1 — A mudança da Família Real portuguesa para o Brasil

Você sabia que o Brasil vende seus produtos agrícolas para mais de cinquenta países? Veja o gráfico. Ele mostra os cinco países que mais compraram produtos do Brasil em maio de 2015.

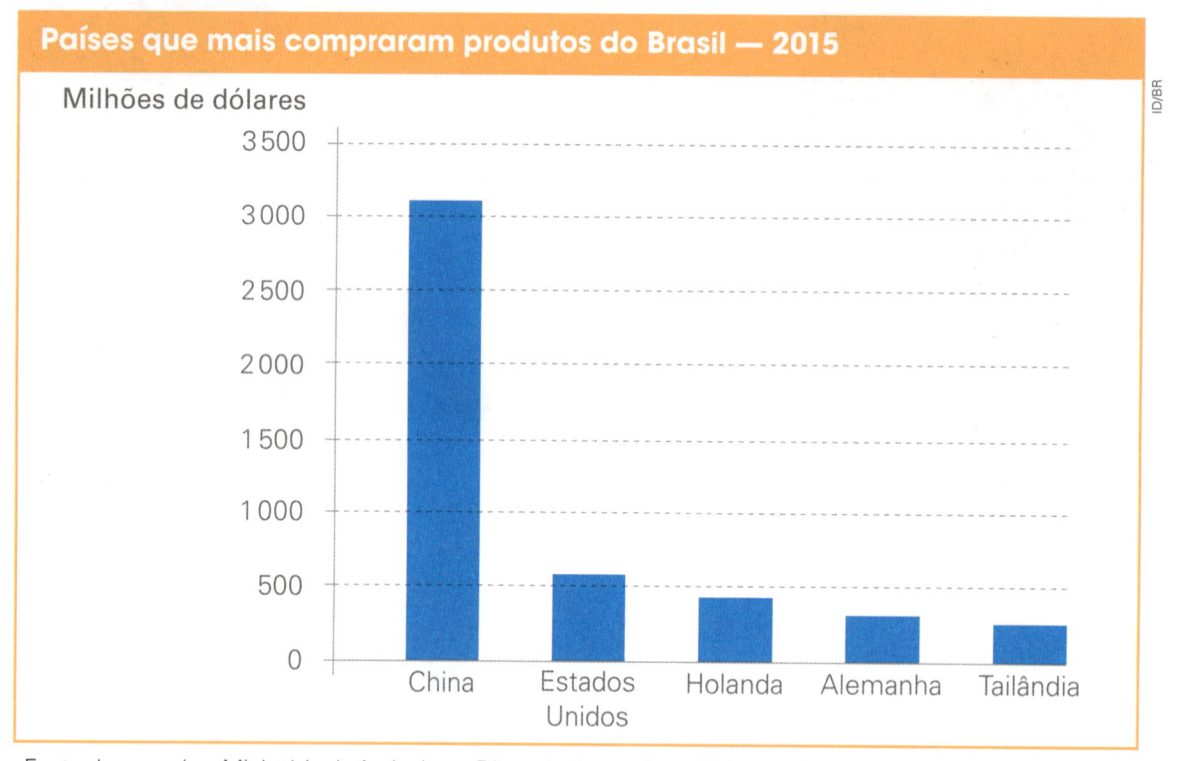

Países que mais compraram produtos do Brasil — 2015

Milhões de dólares

País	Milhões de dólares (aprox.)
China	3 100
Estados Unidos	570
Holanda	410
Alemanha	290
Tailândia	220

Fonte de pesquisa: Ministério da Agricultura. Disponível em: <http://linkte.me/q229c>. Acesso em: 8 abr. 2016.

Atualmente, o Brasil **importa** e **exporta** uma grande variedade de produtos. Esse comércio acontece com países de todos os continentes.

Será que foi sempre assim? O Brasil sempre realizou comércio com outros países do mundo?

Importar: comprar mercadorias de outro país.
Exportar: vender mercadorias para outro país.

1 Observe o gráfico e responda: Qual foi o país que mais importou produtos do Brasil em maio de 2015? Como você percebeu isso no gráfico?

2 Em relação ao período colonial brasileiro, responda.

a. Nesse período, com qual país o Brasil podia fazer comércio – comprar e vender produtos?

b. Você sabe quando e como isso mudou?

A situação da Europa

Em 1808 chegaram ao Brasil a rainha de Portugal, dona Maria; seu filho, o príncipe dom João; toda a Família Real e também a **corte** portuguesa.

Para entender por que isso ocorreu, vamos ver o que acontecia na Europa nessa época.

Corte: conjunto de pessoas que acompanham o soberano.
Frota naval: conjunto de navios.

Napoleão Bonaparte governava a França e pretendia torná-la o país mais rico e poderoso da Europa. Com esse objetivo, ele conquistou vários países europeus. Em seu caminho, porém, estava sua grande rival, a Inglaterra, que tinha indústrias e uma poderosa **frota naval**.

Como não conseguia derrotar os ingleses militarmente, Napoleão planejou enfraquecê-los prejudicando sua economia. Para isso, em 1806, proibiu os governos de países europeus sobre os quais exercia poder militar ou político de importar artigos ingleses e de exportar produtos para eles. Essa medida foi chamada de **bloqueio continental**.

1 Observe o mapa e responda às questões.

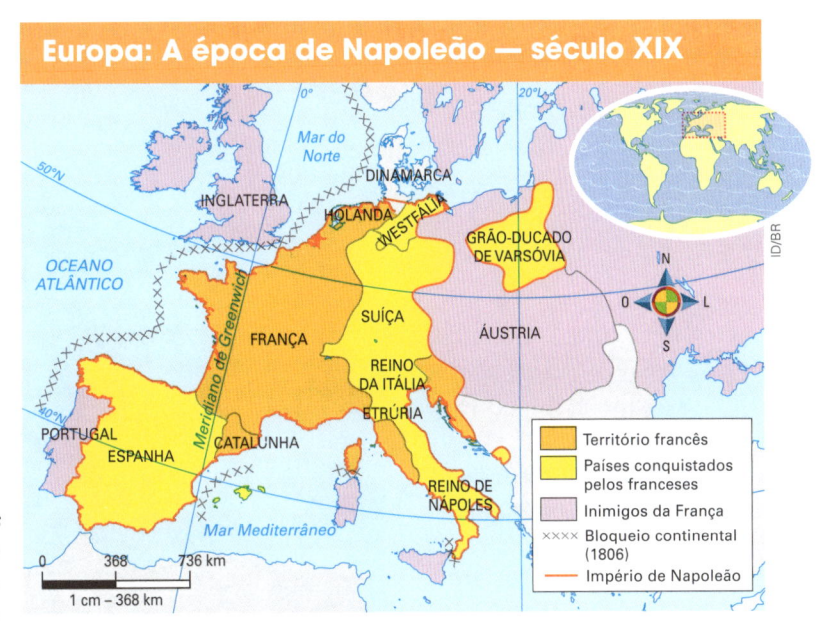

Europa: A época de Napoleão — século XIX

Fonte de pesquisa: *Atlas histórico escolar*. Rio de Janeiro: MEC, 1991. p. 128.

a. Qual é o título do mapa?

b. Qual é o significado das cores amarela e rosa no mapa?

c. A linha xxxx representa a proibição comercial feita por Napoleão aos países europeus. Qual é o nome dessa medida?

11

▪ A decisão dos portugueses

Quando Napoleão impôs o bloqueio continental em 1806, quem governava Portugal era o príncipe regente dom João. Ele substituía sua mãe, a rainha dona Maria, que estava muito doente.

Os comerciantes portugueses eram contrários ao bloqueio, pois eles compravam dos ingleses diversos produtos, como tecidos, navios e armas. Parte desses produtos ficava em Portugal e parte era revendida nas colônias portuguesas, como o Brasil.

Em 1807, Napoleão ameaçou invadir Portugal. Dom João teria, então, de decidir se romperia o comércio com os ingleses ou se arriscaria a ter seu país invadido pelo exército de Napoleão.

Aconselhado pelos diplomatas ingleses, dom João buscou outra saída: mudar a sede do governo português para sua principal colônia, o Brasil.

O governo inglês ofereceu navios de guerra para escoltar a Família Real e os funcionários do reino na viagem para o Brasil.

Na pintura *Chegada da Família Real de Portugal*, à esquerda encontra-se a nau Marlborough, da escolta inglesa, que acompanhou as embarcações portuguesas até o Brasil. Essa pintura, de Geoff Hunt, foi feita em 1998.

2 Observe a imagem acima e responda: Ela foi feita na mesma época do evento retratado? Explique.

3 Por que a Inglaterra ajudou a Família Real na mudança para o Brasil?

▪ A saída

Em 29 de novembro de 1807, com o exército francês já em território português, dom João e sua comitiva partiram de Lisboa para o Rio de Janeiro. Nos dias anteriores, carruagens e carroças não paravam de chegar ao porto com baús para enviar ao Brasil.

Ao ver a partida da Família Real, a população de Lisboa protestou, aumentando a confusão no porto. O povo sentia-se abandonado pela Coroa portuguesa, já que teria de enfrentar as tropas de Napoleão sem o respaldo de suas principais lideranças políticas.

Embarque do príncipe regente para o Brasil, pintura de Louis Albert Delerive, século XIX. A partida estava marcada para 27 de novembro, mas, devido ao mau tempo, os navios só deixaram o porto no dia 29.

4 O texto a seguir trata de momentos antes do embarque de dom João e sua comitiva para o Brasil. Leia-o.

> A manhã chuvosa do dia 27 de novembro de 1807 foi de grande confusão no porto de Lisboa. Pelas ruas encharcadas e cheias de lama descia uma multidão em direção ao cais, pois rapidamente se espalhara a notícia de que o príncipe regente [...] estava embarcando para o Brasil, acompanhado da família real e de todo o ministério.
>
> [...] com a notícia de que as tropas de Napoleão haviam cruzado a fronteira do país e logo estariam em Lisboa, o embarque teve de ser apressado.
>
> Correu-se a avisar todos aqueles que deveriam acompanhar a comitiva de D. João: ministros, funcionários do governo, religiosos, militares, grandes comerciantes, nobres da corte e pessoas que serviam a família real.

Paula Porta. *A corte portuguesa no Brasil (1808-1821)*. São Paulo: Saraiva, 1997. p. 4. (Coleção Que História é Esta?).

a. De acordo com o texto, qual era o motivo da confusão que ocorria no porto de Lisboa na manhã de 27 de novembro de 1807?

_____

b. Por que a população de Lisboa protestou contra a partida da Família Real?

_____

A chegada da Família Real ao Brasil

A Família Real estava acompanhada por uma comitiva de aproximadamente 15 mil pessoas. Em janeiro de 1808, após 54 dias de viagem, tendo enfrentado duas tempestades, desembarcaram na cidade de Salvador. Um mês e meio depois, chegaram ao Rio de Janeiro.

Na cidade do Rio de Janeiro, dom João e sua comitiva foram recebidos ao som de fogos de artifício, aplausos, instrumentos musicais e sinos das igrejas.

A Família Real e a corte portuguesa trouxeram para o Brasil muitos objetos pessoais, como roupas, sapatos, chapéus, joias e carruagens. Trouxeram também azeite e vinho, galinhas, porcos, vacas e bois.

Foram transferidas ainda muitas das riquezas de Portugal, como as reservas de ouro e diamantes dos cofres do governo, bem como quadros, peças de museus e a Real Biblioteca, com aproximadamente 60 mil livros.

Chegada do príncipe dom João à igreja do Rosário, pintura de Armando Viana, de 1937. O príncipe regente encontra-se ao centro; sua esposa, a princesa Carlota Joaquina, à direita; os ministros, à extrema direita.

1 Observe a pintura acima e responda à questão.

- O que diferencia dom João das outras pessoas representadas?

_____

_____

> http://linkte.me/oa9h5
> Nesse *link*, há um infográfico multimídia produzido pelo jornal *O Estado de S. Paulo* sobre a chegada da Família Real ao Brasil. Nele você encontrará textos, imagens e muitas informações sobre o cotidiano da corte portuguesa no Brasil. Acesso em: 10 mar. 2016.

A primeira medida

No Brasil, dom João tomou uma série de providências. A primeira delas foi a assinatura de um documento autorizando a **abertura dos portos** brasileiros às nações amigas de Portugal.

Desde o início da colonização, o comércio do Brasil era realizado exclusivamente com Portugal. Com a abertura dos portos, em 1808, essa situação se modificou. Os comerciantes brasileiros poderiam negociar seus produtos com outros países além de Portugal.

A **Inglaterra** foi a maior beneficiada. Devido ao bloqueio continental, os ingleses não podiam realizar comércio com países europeus. A abertura dos portos possibilitou que eles negociassem seus produtos no Brasil.

2 Observe a imagem e responda às questões.

Reprodução de selo lançado pelos Correios em 1958.

a. Por que esse selo foi lançado em 1958?

_____

_____

b. Quais são as figuras representadas no selo?

_____

_____

3 Imagine que você é um habitante do Rio de Janeiro, no início do século XIX, e que presenciou a chegada da Família Real à cidade. Escreva no caderno um texto relatando quais seriam suas impressões. Depois, leia-o para os colegas.

15

Agora já sei!

1 Leia os testemunhos e observe a imagem a seguir.

> **A:** [...] desatinados corriam pelas ruas homens, mulheres, velhos e meninos, ansiosos de ver a brilhante entrada da Real esquadra [...]. [Luís Gonçalves dos Santos – padre brasileiro de 50 anos]
>
> **B:** A maior parte dormia no convés, sem camas nem cobertas. A água era o artigo principal que nos chamava a atenção; [...] a porção que recebíamos dela era pequena [...]. [oficial português]
>
> **C:** Nunca me esquecerei as lágrimas que vi derramar, tanto ao povo como aos criados da Casa Real, e aos soldados que estavam no largo de Belém. [José Trazimundo – menino de 5 anos]

Patrick Wilcken. *Império à deriva*: a corte portuguesa no Rio de Janeiro, 1808-1821. Tradução de Vera Ribeiro. Rio de Janeiro: Objetiva, 2005. p. 41, 52 e 104.

Chegada da Família Real portuguesa a Salvador, de Candido Portinari, 1952.

a. Identifique cada relato (**A**, **B** e **C**) com os seguintes momentos da mudança da corte portuguesa para o Brasil.

☐ Embarque ☐ Viagem ☐ Chegada

b. Encontre os elementos a seguir na pintura de Candido Portinari, circulando-os de acordo com a cor indicada.

- Família Real
- Militares
- Membros da Igreja
- População
- Caravelas

2 Numere em ordem cronológica os acontecimentos relacionados à vinda da Família Real para o Brasil.

☐ Exército francês invade Portugal.

☐ Decretado o bloqueio continental contra os ingleses.

☐ Família Real e corte portuguesa chegam ao Brasil.

☐ Napoleão exige adesão de Portugal ao bloqueio continental.

☐ Governo português não participa do bloqueio continental.

☐ Dom João decreta a abertura dos portos brasileiros.

■ Use as informações dos quadros para escrever um texto no caderno sobre os acontecimentos relacionados à vinda da Família Real e da corte portuguesa para o Brasil.

3 Observe a foto abaixo e depois responda às questões.

a. Que objeto está representado?

_____

_____

b. Atualmente, você conhece algo que tenha a mesma utilidade desse objeto? O que seria?

_____

_____

Prato de sobremesa do século XVIII.

Museu Histórico Nacional, Rio de Janeiro. Fotografia: ID/BR

c. Esse objeto pertencia à corte portuguesa. Que outros objetos e produtos foram trazidos?

_____

_____

4 Você viu que as tropas de Napoleão invadiram Portugal e outros países europeus. E hoje, fatos como esse ainda ocorrem? Qual é sua opinião sobre isso? Converse com os colegas e o professor.

Saber Ser

CAPÍTULO 2 — A corte portuguesa no Brasil

O Rio de Janeiro era a capital da colônia desde 1763. Com a vinda da Família Real, passou a ser também a sede do governo de Portugal.

1 Observe as imagens do Rio de Janeiro e responda às questões.

A

Rio de Janeiro, gravura de J. Dickson, cerca de 1750.

B

Vista da Igreja da Glória tomada de Santa Teresa, pintura de Raymond Auguste Quinsac de Monvoisin, 1850.

a. A imagem **A** é anterior ou posterior à chegada da Família Real? E a imagem **B**?

_____

b. Em sua opinião, há muitas ou poucas mudanças após a chegada da Família Real? Explique.

_____

c. Havia cerca de 15 mil pessoas na comitiva de dom João, e a cidade do Rio de Janeiro tinha cerca de 45 mil habitantes. Como você acha que os novos habitantes foram acomodados?

Mudanças no dia a dia

A presença da Família Real mudou o dia a dia da cidade do Rio de Janeiro. Para alojar os recém-chegados, funcionários percorriam as ruas colocando nas portas das melhores casas placas com as letras P.R., que significavam Príncipe Regente. Seus moradores deviam desocupá-las, deixando os móveis.

Indignados com tal atitude, os habitantes da cidade diziam que as letras P.R. queriam dizer "Ponha-se na rua" ou "Propriedade roubada".

A cidade do Rio de Janeiro era muito simples, se comparada a Lisboa. A área urbana era pequena e estava rodeada por matas e morros. Havia apenas 46 ruas, estreitas, de terra, sem calçadas e sem serviço de limpeza pública.

O abastecimento de água também se tornou precário com o aumento da população no Rio de Janeiro. Na imagem, negros de ganho carregam pipas de água. Feita no início do século XIX, a gravura acima é de Jean-Baptiste Debret, que veio para o Brasil poucos anos após a chegada da Família Real.

1 Responda às questões a seguir.

a. Quem eram os recém-chegados?

_____

b. Por que não havia casas para todos?

_____

_____

c. Como a falta de moradias para a corte portuguesa foi solucionada? Qual é sua opinião sobre a medida tomada?

_____

_____

2 Observe a gravura de Debret e responda: Como você acha que era a distribuição de água no Rio de Janeiro na época da chegada da Família Real? Conte sua hipótese aos colegas.

Novos espaços e instituições

Além da abertura dos portos, dom João promoveu uma série de mudanças que trouxeram melhorias para o Rio de Janeiro, a nova sede do reino português.

A rua do Ouvidor e a rua Direita, por exemplo, foram alargadas e ganharam calçadas. Outras áreas começaram a ser ocupadas, dando origem a novos bairros.

Além da reestruturação do espaço, dom João ordenou a criação de importantes instituições na capital, como a Biblioteca Nacional, para acomodar as obras trazidas de Portugal, o Jardim Botânico, para **aclimatar** espécies vegetais originárias de outros lugares do mundo, e o Museu Real, atual Museu Nacional, para estimular a pesquisa científica.

Aclimatar: adaptar seres vivos a condições climáticas e ambientais diferentes.

Outras instituições importantes criadas no período foram as Escolas de Medicina da Bahia e do Rio de Janeiro, o Banco do Brasil, o Teatro Real e a Imprensa Régia, que possibilitou a publicação de livros e jornais.

Biblioteca Nacional, no município do Rio de Janeiro. Foto de 2014.

3 Preencha o quadro abaixo, comparando a cidade do Rio de Janeiro antes e depois da chegada da corte portuguesa.

A presença da corte no Rio de Janeiro	
Antes	Depois

O Brasil pintado por viajantes

Com a abertura dos portos em 1808, tornou-se cada vez maior o número de pessoas que visitavam o Brasil, vindas de diferentes países. Até então, as visitas eram raras, pois o governo português proibia a entrada de estrangeiros. Temia que fossem divulgadas as riquezas brasileiras e que a colônia ficasse sujeita a invasões.

Entre esses viajantes, havia diversos artistas e cientistas. Percorrendo o território brasileiro, eles retrataram, em imagens e textos, os animais, as plantas, as paisagens, o cotidiano das vilas e cidades, e a vida dos indígenas, africanos escravizados e colonos.

1 Observe as imagens e responda às questões a seguir.

Desenho de pássaro feito pelo pesquisador francês Anselme G. Desmarest, em 1804.

Gravura de planta da região amazônica feita pelo alemão Carl F. P. von Martius, em 1817.

Gravura do rio Paraíba feita pelo pintor alemão Johann Moritz Rugendas, por volta de 1830.

a. Qual é o país de origem dos autores das imagens desta página?

b. Quais eram os temas retratados pelos viajantes estrangeiros?

Os artistas franceses

Em 1816, chegou ao Brasil um grupo de artistas franceses composto de pintores, escultores, arquitetos e artesãos. Conhecido posteriormente como Missão Artística Francesa, o grupo chegou a ser liderado por Joachim Lebreton, que tinha planos de fundar uma escola de formação artística na América do Sul.

Dom João tinha interesse em criar um centro de ensino de artes no Brasil. Com esse objetivo, assinou um decreto para a criação da Escola Real de Ciências, Artes e Ofícios, que dez anos mais tarde (1826) passaria a se chamar Academia Imperial de Belas Artes.

Registros

Portal preservado

A Escola Real de Ciências, Artes e Ofícios funcionou em um edifício projetado por um arquiteto francês que fazia parte da Missão Artística Francesa.

Em 1908, o edifício da escola foi demolido, mas seu portal foi preservado e transferido para o Jardim Botânico, onde se encontra exposto.

Registro da arquitetura do início do século XIX, o portal da escola é um importante documento histórico que marca uma época de grandes mudanças no Brasil. A Escola Real hoje faz parte da Universidade Federal do Rio de Janeiro, com o nome de Escola de Belas Artes.

Portal original da Escola Real de Ciências, Artes e Ofícios, hoje exposto no Jardim Botânico do Rio de Janeiro. Foto de 2015.

■ Discuta com os colegas as questões a seguir.

a. Por que o portal da Escola Real deve ser preservado?

b. Que tipo de informações ele poderia fornecer sobre o passado?

■ Debret

Desenhista e pintor, Jean-Baptiste Debret era um dos membros da Missão Artística Francesa.

Debret viveu no Brasil por 15 anos e ensinou pintura na Escola Real de Ciências, Artes e Ofícios. Viajando pelo país, retratou paisagens, pessoas, costumes e o trabalho dos escravizados.

Em 1831, de volta à Europa, escreveu e ilustrou a obra *Viagem pitoresca e histórica ao Brasil*.

Suas obras são de grande valor para o estudo da história do Brasil.

Coletores de impostos, pintura de Debret, 1826.

■ Outros viajantes

Entre 1821 e 1829, uma expedição russa liderada pelo barão Langsdorff percorreu o Rio de Janeiro, São Paulo, Minas Gerais, Mato Grosso e Pará. Era composta de pintores, botânicos, cartógrafos e astrônomos. Em aquarelas, desenhos e mapas, eles registraram aspectos da natureza e também as pessoas do interior do Brasil e os costumes de vários povos indígenas.

Entre os membros da comitiva encontravam-se o artista francês Hércules Florence e o alemão Johann Moritz Rugendas.

Embira-açu, árvore encontrada no Brasil, retratada por Hércules Florence em pintura de 1828.

2 Qual é a importância dos registros feitos pelos artistas e estudiosos estrangeiros?

_____

_____

Agora já sei!

1 Para o estudo de História, é importante a leitura de textos. Alguns são documentos históricos, outros foram escritos por historiadores posteriormente. Leia o texto e depois responda às questões a seguir.

> [...] com o desembarque de todos aqueles que acompanhavam a Família Real, a população da cidade teve um aumento de 20%. Um crescimento espantoso!
>
> Onde acomodar tanta gente? Como assegurar o abastecimento da cidade? Como garantir segurança e tranquilidade aos antigos e novos moradores?
>
> O vice-rei do Brasil [...] cedera ao príncipe sua morada – a Casa dos Governadores – e instalara outros membros da ilustre família e alguns servidores nos prédios da Cadeia e do Convento do Carmo, situados próximos àquela casa. Mas onde iriam morar os demais?
>
> Muitas vezes ao acordar, os moradores souberam a resposta para tão angustiante indagação.
>
> Encontravam afixadas nas portas de suas casas tabuletas com uma simples e seca inscrição: "P.R.".

Ilmar Rohloff de Mattos, Luis A. S. de Albuquerque e Selma R. de Mattos. *O Rio de Janeiro*: capital do reino. São Paulo: Atual, 2003. p. 14.

a. Quem são os autores do texto? _____

b. De que obra foi extraído o texto? _____

c. Esse texto é um documento histórico do mesmo período do desembarque da Família Real? Ou é um texto escrito por estudiosos do assunto?

d. De que trata o texto? _____

2 Ao chegar ao Brasil, dom João mandou construir uma biblioteca para acomodar as obras trazidas de Portugal. Converse com os colegas e o professor sobre as questões a seguir.

a. Há biblioteca na escola em que vocês estudam?

b. O que vocês costumam fazer na biblioteca? Há algumas regras?

c. Por que as bibliotecas são importantes?

d. Há alguma biblioteca pública próxima da escola em que vocês estudam? Qual é o nome dela? E o endereço?

3 Algumas pessoas escrevem nas páginas dos livros da biblioteca. Às vezes riscam ou até arrancam as páginas. Converse com os colegas e o professor sobre as questões a seguir e, depois, anote suas conclusões no caderno.

    a. Qual é sua opinião sobre esse comportamento?

    b. O que pode ser feito para que isso não ocorra?

4 Leia o texto, observe a imagem e responda às questões.

Embocadura do rio Cachoeira, gravura de Rugendas, feita em 1835.

    a. Quem é o autor da gravura e quando ela foi feita?

    b. É possível deduzir que o autor participou da Missão Artística Francesa? Como você chegou a essa conclusão?

    c. Você consegue identificar o animal que está representado? Qual seria?

    d. Alguns artistas viajantes terminavam seus desenhos e suas pinturas quando retornavam para a Europa. Para isso, usavam rascunhos e a própria memória. Em sua opinião, isso pode ter acontecido na imagem acima? Por quê?

CAPÍTULO 3 — O processo de independência

As imagens desta página são do *Monumento à Independência* (direita) e de um detalhe de sua base (abaixo). Foi inaugurado em 7 de setembro de 1922, em comemoração ao centenário da Proclamação da Independência do Brasil. Ele se encontra no local em que, supostamente, ocorreu o "grito da Independência".

Monumento de bronze localizado no bairro do Ipiranga, na cidade de São Paulo, projeto do italiano Ettore Ximenes. Foto de 2012.

1 Observe as imagens e discuta as questões a seguir com os colegas e o professor.

　a. Você sabe a que se refere a cena representada na base do *Monumento à Independência*?

　b. Qual personagem é destacada nessa cena?

2 Se fosse encomendada a você uma obra comemorativa dos 200 anos da Proclamação da Independência, quando a obra teria de estar pronta?

A um passo da autonomia política

Apesar das muitas mudanças que ocorreram no Brasil com a vinda da Família Real, a insatisfação com o governo português continuou.

Os grandes proprietários de terras sentiam-se prejudicados, pois aos poucos foram afastados do poder. Eram os membros da corte portuguesa e os ricos comerciantes da cidade que exerciam maior influência sobre dom João.

As obras no Rio de Janeiro, o grande número de funcionários que vieram de Portugal e a vida luxuosa que levavam fizeram aumentar os gastos do governo. Em consequência, houve aumento de impostos.

Dom João também enfrentava a insatisfação dos comerciantes de Portugal, que se sentiam prejudicados pela abertura dos portos brasileiros a outros países.

Caricatura de A.P.D.G., publicada em livro de 1826, mostra a cerimônia do beija-mão. Nessa cerimônia, dom João recebia nobres e populares, que demonstravam reverência beijando-lhe a mão direita.

1 O texto a seguir fala sobre os benefícios que poderiam ser obtidos por aqueles que se aproximassem de dom João e de sua corte.

> Funcionários e comerciantes percebiam como era fundamental estarem próximos à Corte. Era ela que lhes dava empregos, possibilitava negócios, concedia títulos de nobreza, assegurava proteção e prestígio social.
> Os colonos [...] também logo perceberam isso, e passaram a vir para a cidade [...] para poderem usufruir as mesmas vantagens.
> Funcionários, comerciantes e colonos queriam ser "amigos do rei".

Ilmar Rohloff de Mattos, Luis A. S. de Albuquerque e Selma R. de Mattos. O Rio de Janeiro: capital do reino. São Paulo: Atual, 2003. p. 24-25.

a. Quais eram as vantagens de ser "amigo do rei"?

b. Você acha correto que as pessoas próximas dos governantes, como amigos e familiares, sejam beneficiadas com vantagens que não estão acessíveis aos outros cidadãos? Explique.

O Brasil é um reino

Desde 1808 o Brasil era sede do governo de Portugal. Em 1815, dom João assinou um decreto por meio do qual o Brasil deixava oficialmente de ser colônia e passava à condição de Reino Unido de Portugal e **Algarves**.

Nesse mesmo ano, Napoleão Bonaparte foi derrotado e os franceses foram expulsos de Portugal. Mas a situação econômica do país era difícil, e a população portuguesa pedia a volta de dom João.

Em 1818, dois anos após a morte da rainha dona Maria I, dom João foi **aclamado** rei, no Rio de Janeiro, recebendo o título de dom João VI.

Algarves: território no sul de Portugal que era considerado um reino pertencente à Coroa portuguesa.
Aclamado: no texto, refere-se à proclamação de dom João como rei.

Vista do largo do Palácio no dia da aclamação de dom João VI, pintura de Debret, século XIX.

➕ SAIBA MAIS

A aclamação de dom João VI foi uma grande cerimônia realizada no largo do Paço (ou do Palácio), na cidade do Rio de Janeiro. Artistas da Missão Francesa foram encarregados da ornamentação e dos monumentos e cenários especialmente construídos para essa ocasião.

2 Observe a imagem e responda: Que grupos sociais estão representados?

A Família Real retorna a Portugal

Desde a abertura dos portos, os comerciantes portugueses se sentiam prejudicados, pois os ingleses passaram a dominar o comércio com o Brasil. Sem os lucros desse comércio, a situação econômica de Portugal ficou muito difícil.

Em 1820, eclodiu a Revolução do **Porto**, cujos participantes exigiam o retorno imediato da Família Real a Portugal. Exigiam também que o comércio do Brasil voltasse a ser feito apenas com os portugueses. Dessa forma, esperavam resolver a crise econômica de seu país.

Porto: cidade do norte de Portugal.

Pressionado e sob ameaça de perder o trono português, se continuasse no Brasil, dom João VI decidiu voltar para Portugal. Na madrugada de 25 de abril de 1821, o rei embarcou para seu país, acompanhado de familiares e de uma comitiva composta de 4 mil funcionários.

No Brasil, dom João VI deixou como príncipe regente seu filho e herdeiro, dom Pedro.

No dia 4 de setembro de 1821, a população portuguesa celebrou a chegada da comitiva que acompanhava dom João VI. *Desembarque d'el rei dom João VI*, gravura de Beauchamp, feita em 1826.

3 Leia o texto abaixo e depois responda às questões.

> Pela primeira vez em sete séculos de monarquia portuguesa, um soberano aceitava abrir mão de parte de sua autoridade [...]. D. João [...] acatou as ordens de embarcar de volta para Lisboa, deixando o filho D. Pedro como príncipe regente do Brasil. Quando o ministro Silvestre Pinheiro Ferreira ainda tentou convencê-lo a ficar, o rei limitou-se a responder em tom de desânimo: "Que remédio, Silvestre Pinheiro! Fomos vencidos!".

Laurentino Gomes. *1822*: como um homem sábio, uma princesa triste e um escocês louco por dinheiro ajudaram D. Pedro a criar o Brasil, um país que tinha tudo para dar errado. Rio de Janeiro: Nova Fronteira, 2011. p. 59.

a. Dom João VI estava satisfeito em retornar a Portugal? Explique.

b. O que significou o retorno do rei a Portugal, em relação a seu poder político?

O governo de dom Pedro, príncipe regente

Em Portugal, havia forte pressão dos portugueses para que dom Pedro também voltasse. A presença de um membro da Família Real no Brasil dificultava os planos de fazer o Brasil voltar a ser colônia.

Percebendo as intenções dos portugueses, alguns políticos brasileiros iniciaram uma campanha para que o príncipe regente permanecesse no Brasil.

No Rio de Janeiro e em São Paulo houve manifestações, distribuição de folhetos e cartazes colados nos muros das cidades. Foi feito também um abaixo-assinado com 8 mil assinaturas para que ele ficasse.

Diante das manifestações, no dia 9 de janeiro de 1822 dom Pedro decidiu ficar no Brasil.

Em maio de 1822, dom Pedro estabeleceu que as ordens vindas de Portugal só seriam cumpridas em território brasileiro após sua autorização. As autoridades portuguesas, por sua vez, enviaram ordens exigindo que ele voltasse imediatamente a Portugal. Além disso, declararam que todas as medidas tomadas por ele seriam consideradas sem valor. A tensão entre o governo português e o governo brasileiro aumentou.

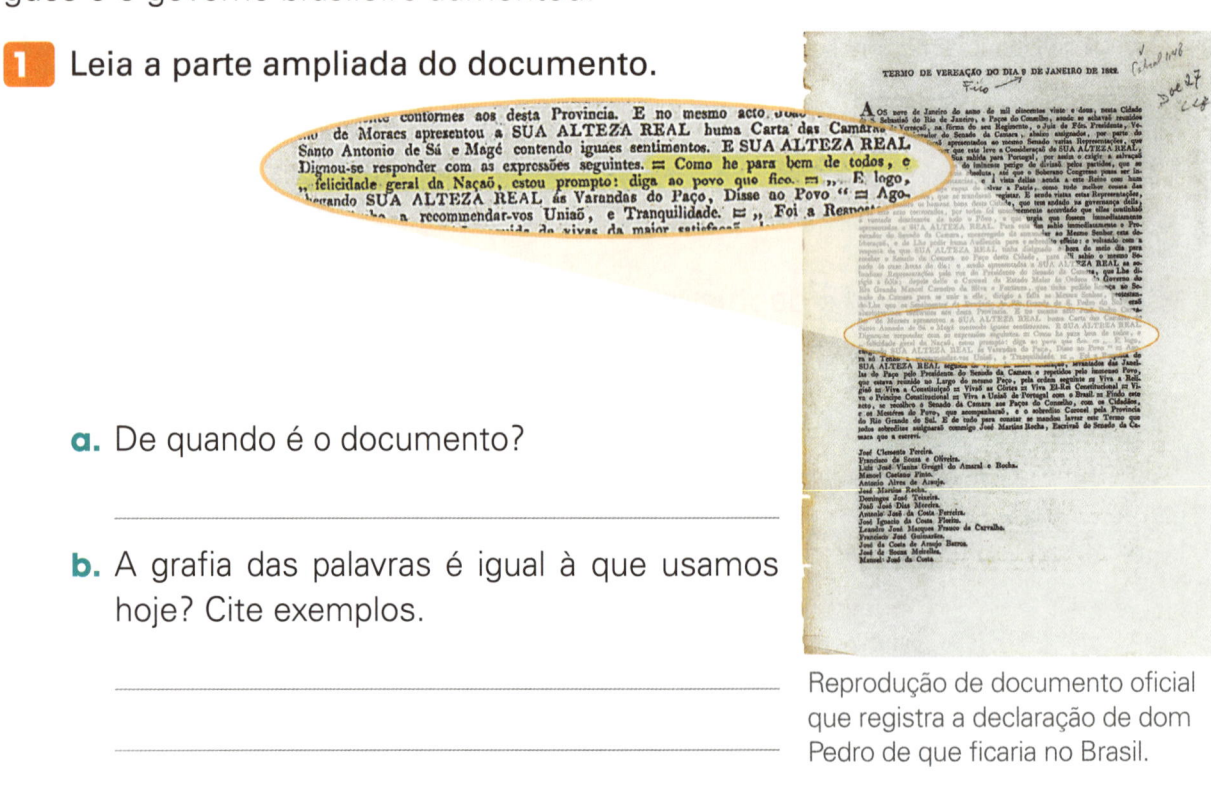

1 Leia a parte ampliada do documento.

Reprodução de documento oficial que registra a declaração de dom Pedro de que ficaria no Brasil.

a. De quando é o documento?

b. A grafia das palavras é igual à que usamos hoje? Cite exemplos.

c. Reescreva o trecho que foi destacado em amarelo, usando a grafia atual.

d. Você sabe por que há essas diferenças no modo de escrever as palavras? Converse com os colegas e o professor.

▪ A Independência

Depois que dom Pedro decidiu permanecer no Brasil, o movimento pela independência ganhou força.

Em agosto de 1822, dom Pedro viajou para São Paulo. Quando voltava para o Rio de Janeiro, mensageiros o encontraram para lhe entregar cartas enviadas pelas **cortes** portuguesas e por seu primeiro-ministro, José Bonifácio. As cortes exigiam o retorno imediato de dom Pedro a Portugal. José Bonifácio recomendava o rompimento definitivo.

Nesse momento, dom Pedro, que se encontrava às margens do riacho do Ipiranga, decidiu proclamar a Independência do Brasil, seguindo a recomendação de seu ministro. Era 7 de setembro de 1822, e o episódio ficou conhecido como **Grito do Ipiranga**.

Corte: no texto, o conjunto de deputados reunidos em Lisboa para elaborar uma Constituição para Portugal, depois da Revolução do Porto.

Em 12 de outubro do mesmo ano, dom Pedro foi aclamado imperador do Brasil e recebeu o título de dom Pedro I.

Na Bahia, houve confrontos armados e somente quando as tropas pela Independência saíram vitoriosas é que ela foi proclamada na região, em 2 de julho de 1823.

Detalhe da gravura *Aclamação de dom Pedro I*, de Debret, 1826.

▪ O preço do reconhecimento da Independência

Com o rompimento declarado por dom Pedro, o Brasil deixava de ser parte do reino de Portugal. Mas isso não ocorreu de imediato. Somente em 1825 o governo português reconheceu a Independência do Brasil, mas com o pagamento de uma indenização.

2 Em 7 de setembro costuma haver festa nas cidades de todo o Brasil.

   a. Que acontecimento se comemora nessa festa?

   b. Na Bahia, em que data esse fato é comemorado? Por quê?

O que mudou para a maioria?

O processo de Independência envolveu principalmente as pessoas da elite. Eram atendidas as reivindicações dos grandes proprietários de terras e de escravizados, dos ricos comerciantes e dos funcionários do governo.

A Independência não alterou, porém, a principal característica da sociedade brasileira: a escravidão. Assim, para a maioria da população, que era formada por africanos escravizados, indígenas e trabalhadores livres e pobres, o 7 de Setembro não trouxe grandes mudanças.

➕ SAIBA MAIS

Vários países da América se tornaram independentes na mesma época que o Brasil. Mas o Brasil foi o único país americano que se tornou uma **monarquia**. Nesse regime, o poder é exercido por um monarca – rei, imperador, príncipe. O poder é **vitalício** (para toda a vida) e **hereditário** (passa para um descendente do monarca).

3 Observe a gravura e responda às questões.

Gravura mostrando a cidade de Ouro Preto e seus habitantes, feita por Hermann Burmeister em 1853.

a. Quantos anos se passaram desde a Proclamação da Independência até a data em que a imagem foi feita?

b. Para qual grupo de pessoas, representado na imagem, não houve nenhuma mudança com a Independência?

Registros

Pinturas históricas: as intenções por trás da obra

O quadro *Independência ou morte*, conhecido como *O grito do Ipiranga*, de Pedro Américo, pintado em 1888, é um importante documento histórico. A pintura é uma representação da Proclamação da Independência feita por dom Pedro em 7 de setembro de 1822.

O pintor não estava presente no momento do acontecimento. Fez o quadro 66 anos após a Independência, atendendo ao pedido de dom Pedro II, segundo imperador do Brasil.

Veja com atenção os detalhes da cena representada.

Observe que dom Pedro se encontra no centro, na parte superior da tela. A composição da cena demonstra a intenção do artista em destacar dom Pedro como a figura mais importante do episódio da Independência. E os soldados fardados, com aparência imponente, o porte e o movimento dos cavalos, enfim, todo o conjunto confere ar de grandiosidade à Proclamação da Independência. Os braços erguidos simbolizam o apoio à decisão de dom Pedro.

Independência ou morte, pintura de 1888. Obra mais famosa do pintor Pedro Américo, hoje faz parte do acervo do Museu Paulista da Universidade de São Paulo (Museu do Ipiranga).

- Converse com os colegas e o professor sobre as questões.

   a. Por que o artista teria composto a cena dessa forma 66 anos depois?

   b. Que impressão esse registro passa para quem não estava presente nem viveu nessa época?

Agora já sei!

1 Na página 145 há uma série de acontecimentos listados. Recorte aqueles que fazem parte do processo de Independência do Brasil e cole-os no espaço abaixo, cronologicamente, em uma linha do tempo.

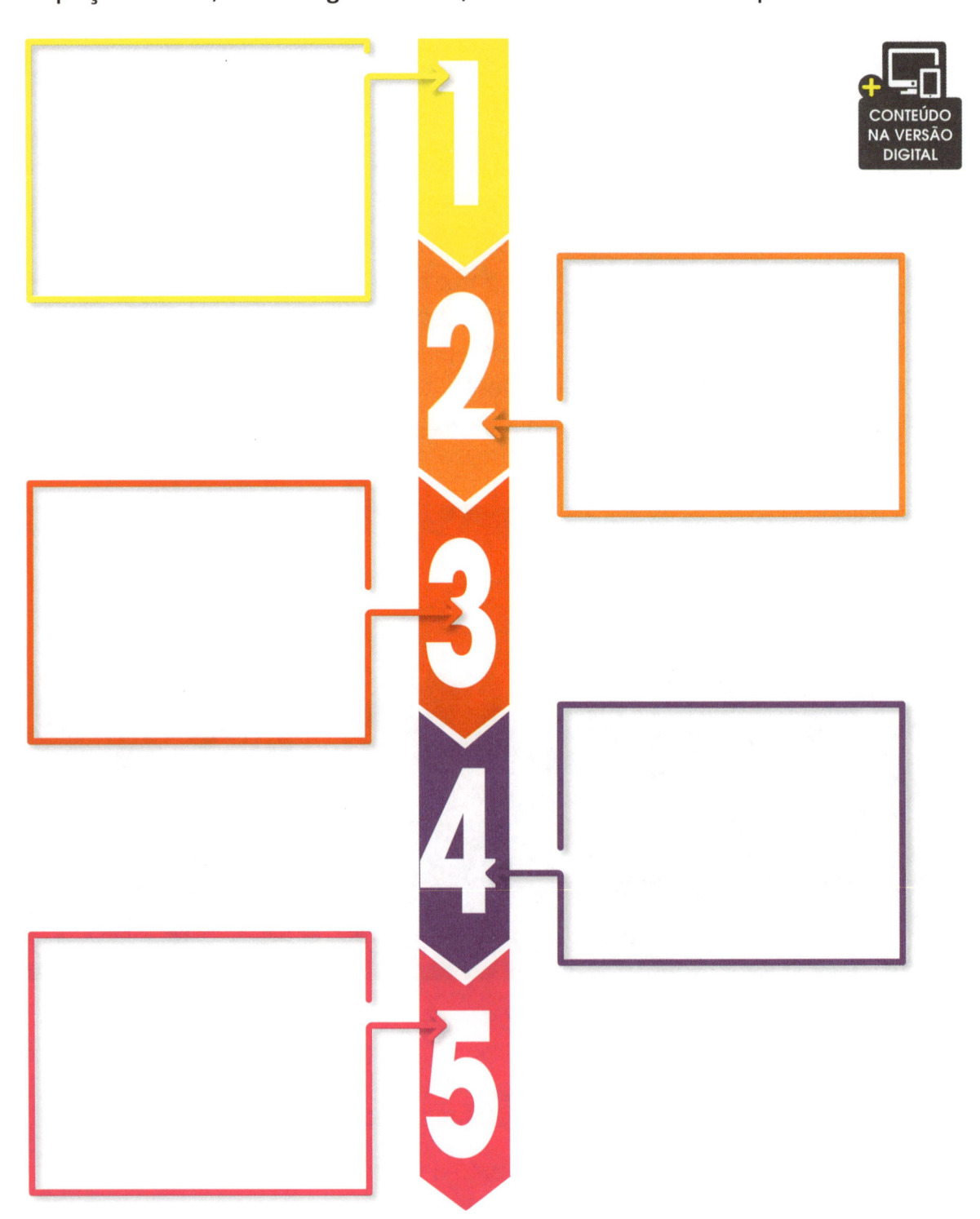

■ Compare a linha do tempo que você organizou com a de um colega. Vocês registraram os mesmos acontecimentos e na mesma sequência?

2 O processo de Independência envolveu principalmente pessoas da elite. A pintura ao lado foi feita a partir de um esboço elaborado no dia da coroação de dom Pedro I, em 1º de dezembro de 1822.

Coroação de dom Pedro I, pintura de Debret, 1828.

a. Descreva como as pessoas da elite estão vestidas.

_____

b. Qual grupo social, que formava a maioria da população, não está representado na pintura?

_____

3 Leia o texto e responda às questões.

> Isso [abertura dos portos] foi muito importante, pois a Colônia brasileira começou a entrar em contato com os produtos e as ideias que circulavam em outras partes do mundo. [...] Entusiasmados, os comerciantes estrangeiros trouxeram de tudo: tecidos, sapatos, talheres, louças, cristais, chapéus, cachimbos, xales, ferragens, queijo, manteiga, escovas, pentes, navalhas, perfumes, sabonetes, velas, pianos, carruagens, barbantes e caixões, além de produtos inúteis como carteiras para notas (aqui só havia moedas), patins para gelo, casacos de pele e tecidos de lã pesada, inadequados para nosso clima quente.

Revista Semanal da Lição de Casa, São Paulo, Klick, n. 19, p. 9, 2000. Encarte do jornal *O Estado de S. Paulo*.

a. Em sua opinião, o que as pessoas faziam com os "produtos inúteis" que compravam?

_____

b. Ao fazer compras, em que as pessoas deveriam pensar? Por exemplo, elas devem comprar tudo o que querem ou devem pensar se o produto que desejam é realmente necessário? Conte aos colegas.

35

Vamos fazer!

Jornal mural

Você viu que, para atender às necessidades culturais e intelectuais da corte, dom João criou algumas instituições no Brasil. Entre elas, a Imprensa Régia, responsável pela publicação do primeiro jornal brasileiro oficial: a *Gazeta do Rio de Janeiro*. O jornal trazia notícias sobre o cotidiano da cidade, anúncios de estabelecimentos comerciais, etc.

Agora, você e os colegas vão fazer um jornal. Mas ele será diferente, pois ficará exposto em um mural. Por isso, será chamado de jornal mural.

Capa do primeiro número do jornal *Gazeta do Rio de Janeiro*, publicado em 10 de setembro de 1808.

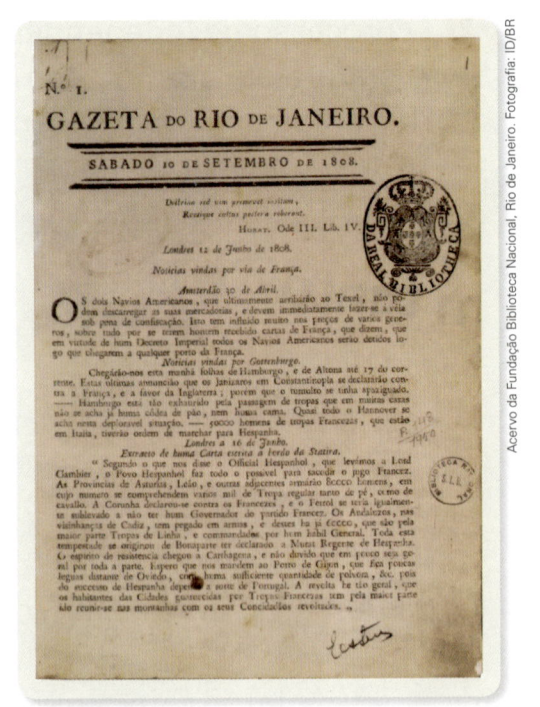

Do que vocês vão precisar

- materiais para pesquisa (revistas e jornais antigos, livros, computador com acesso à internet, etc.)
- caderno para anotações
- papel pardo grande o suficiente para cobrir o mural
- materiais para produzir e decorar as páginas do jornal mural (papel sulfite, cola, tesoura com pontas arredondadas, fita adesiva, régua, lápis de cor, canetas hidrográficas, tintas, adesivos, etc.)

Como fazer

1. Definindo as seções, os conteúdos e o nome do jornal

Com a ajuda do professor, discutam quais seções e conteúdos vocês gostariam que o jornal tivesse. Observem a organização das revistas e dos jornais antigos para terem ideias. Por exemplo: notícias da escola, entrevistas, esportes, eventos, coluna social, avisos, anúncios (compra, venda, troca), culinária, moda, dicas, reclamações, etc. Escolham um nome para o jornal.

36

2. Formando grupos e distribuindo as seções

Formem os grupos e dividam as seções que foram definidas. Cada grupo ficará encarregado de uma seção. Nas edições seguintes, os grupos poderão se revezar para que todos tenham oportunidade de diversificar o trabalho. Reúnam-se com os colegas do grupo para conversar e criar uma pauta, isto é, uma lista de assuntos ou temas que serão tratados na seção. Depois, dividam as tarefas.

3. Discutindo procedimentos no grupo

Sabendo o que cada um terá de fazer, definam como trabalhar. Para uma entrevista, por exemplo, estabeleçam quem será o entrevistado, a data, o local e o horário. Formulem um roteiro de perguntas. Definam se um ou todos farão as perguntas; quem pesquisará imagens ou fará desenhos para ilustrar a entrevista; quem vai redigir o texto e quem vai revisar a matéria final. A redação precisa ser clara e objetiva para que todos os leitores entendam.

4. Reunindo as matérias das seções

Marquem uma data para que todos os grupos se reúnam e conversem sobre o conteúdo que conseguiram para as seções. Leiam e verifiquem se não estão desrespeitando ou prejudicando alguém, se o tamanho das matérias é adequado (não devem ser muito longas) ou se é necessário inserir mais informações. Lembrem-se de que vocês serão responsáveis por todo o conteúdo do jornal.

5. Definindo e planejando o jornal

Agora que vocês já sabem quais matérias vão entrar na edição do jornal, façam esboços da disposição das seções. Para isso, considerem o tamanho das matérias e que elas ficarão expostas em forma de mural. Depois, definam em que parede da escola colocar o jornal mural, de modo que alunos e funcionários possam ler. Peçam autorização ao diretor antes de montar o mural.

6. Montando o jornal

Fixem o papel pardo, cobrindo a parede. Depois, colem as matérias das seções de acordo com o esboço planejado. Lembrem-se de colocar o nome da seção. Ele deve ser bem destacado.

O que aprendi?

1 O texto a seguir trata das mudanças ocorridas na cidade do Rio de Janeiro com a instalação da Família Real. Leia-o e faça as atividades a seguir.

> Mas a cidade não apenas se expandia espacialmente; ela mudava também sua aparência, abrindo-se às modas europeias. Suas casas perdiam a aparência de reclusão e isolamento. No lugar das rótulas – grades de madeira usadas nas janelas, que mal permitiam a entrada da luz – surgiram janelas envidraçadas. O hábito de se construírem casas cercadas de jardins, trazido pelos ingleses, difundiu-se entre famílias abastadas.

Ilmar Rohloff de Mattos e Luis A. S. de Albuquerque. *Independência ou morte*: a emancipação política do Brasil. São Paulo: Atual, 1993. p. 40.

a. Imagine como eram e como ficaram as casas, de acordo com o texto. Em uma folha avulsa, faça dois desenhos para ilustrar o que você imaginou.

b. E hoje, as casas são iguais às dessa época? Converse com os colegas.

2 Observe a imagem ao lado e responda às questões.

Rua Direita, na cidade do Rio de Janeiro, pintura feita por Félix-Émile Taunay por volta de 1823.

a. Quem é o autor da obra e quando foi feita?

b. Quais são os grupos sociais que aparecem na imagem?

c. Como eram os prédios do centro da cidade do Rio de Janeiro na época da Proclamação da Independência?

3 A vinda da Família Real e sua corte influenciou a moda e os costumes da elite no Brasil. Sobre isso, leia o texto e observe as imagens.

> A chegada da Corte ao Brasil [...] ampliou o comércio de roupas por causa da abertura dos portos às nações amigas. [...]
>
> Os comerciantes da Inglaterra [...] não anunciavam apenas mercadorias inglesas, mas também as trazidas da França. Eram vendidos chapéus, plumas, xales, lenços, luvas, relógios, leques, vestidos e sapatos, entre outras peças. [...]
>
> Desembarcaram no Brasil muitos [...] alfaiates e cabeleireiros franceses [...]. A presença desses profissionais possibilitou a instalação de um mercado de moda na Corte do Rio de Janeiro [...].

Camila Borges da Silva. O domínio das roupas. *Revista de História da Biblioteca Nacional*, em 6 jul. 2011. Disponível em: <http://linkte.me/h857p>. Acesso em: 17 mar. 2016.

Ilustração publicada no jornal *Novo Correio de Modas*, do Rio de Janeiro, em 1852.

Foto de José Caetano Andrade Pinto, tirada na segunda metade do século XIX.

a. De acordo com o texto, responda às questões a seguir.

- Que evento político possibilitou a transformação do comércio de roupas no Brasil? Por quê?

_____

- Qual país influenciou mais a moda brasileira no século XIX?

_____

b. Agora, observe as imagens e discuta as questões a seguir com os colegas.

- As roupas retratadas nas imagens parecem confortáveis? Você acha que elas são adequadas ao clima do Rio de Janeiro?

- Você usaria uma roupa ou um calçado desconfortável, mas que estivesse na moda? Em sua opinião, há pessoas que fazem isso? Por quê?

UNIDADE 2

O Brasil imperial

Você conhece o Passeio Público do Rio de Janeiro? Ele foi criado quando o Brasil ainda era colônia de Portugal, mas acabou se tornando um dos símbolos do Império do Brasil.

- O Passeio Público do Rio de Janeiro é um jardim público, semelhante a um parque. Durante o Império, ele foi reformado para servir como local de passeio à elite imperial. Você acha que, nessa época, uma cena como a ilustrada ao lado seria possível? Por quê?

- A foto que o garoto está segurando foi tirada em 1860. A que grupos sociais você acha que as pessoas fotografadas pertenciam? Explique.

- Após se tornar independente, o Brasil passou a ter um imperador. Nesse tipo de governo, será que o imperador governa sozinho? Ele pode fazer o que quiser?

- E hoje, há um imperador do Brasil? Conte aos colegas.

Ilustração de ponte localizada no Passeio Público do Rio de Janeiro.

CONTEÚDO NA VERSÃO DIGITAL

41

CAPÍTULO 1 — O início do período monárquico

Quase todo mundo já ouviu histórias com reis, rainhas, príncipes e princesas. Algumas são inventadas, outras são verdadeiras. Será que ainda existem reis, rainhas, príncipes e princesas?

D. Pedro I, gravura de Ingrev & Madeley's, feita na primeira metade do século XIX.

Rei Felipe, da Espanha, em foto de 2015.

1 Observe as imagens acima e leia as legendas.

a. Quem são as pessoas das imagens **A** e **B**? Em que época essas imagens foram feitas?

_____

_____

b. Há semelhanças entre as vestimentas dessas pessoas? Quais?

_____

_____

_____

c. Além dos monarcas da Espanha, você conhece algum outro? Qual?

2 Converse com os colegas e o professor sobre a questão a seguir.

■ Será que toda a população que vivia no Brasil queria a Independência?

Dom Pedro I governa o Brasil

Dom Pedro I governou o Brasil de 1822 a 1831, período conhecido como **Primeiro Reinado**.

Para que o Brasil fosse um país realmente livre, a consolidação da Independência em todo o território e a elaboração de uma Constituição eram essenciais. Mas não eram tarefas fáceis.

▪ A consolidação da Independência

Em algumas **províncias**, os brasileiros tiveram de lutar contra tropas portuguesas. Essas tropas estavam no Brasil desde a vinda da Família Real e não aceitaram pacificamente a Independência.

Província: cada uma das divisões do Brasil no período imperial. Em 1889, as províncias tornaram-se estados.

Os principais confrontos ocorreram na Bahia, no Maranhão, no Grão-Pará e na Cisplatina.

A província Cisplatina, que antes pertencia à América espanhola, foi anexada ao Brasil em 1821. Após um longo conflito armado, em 1828 a região tornou-se um país independente, o **Uruguai**.

Brasil: Divisão política — 1822

Fonte de pesquisa: José Jobson de A. Arruda. *Atlas histórico básico*. 17. ed. São Paulo: Ática, 2011. p. 42.

1 Compare o mapa acima com um mapa político do Brasil atual. Eles são semelhantes ou diferentes? Converse com os colegas e o professor.

@ http://linkte.me/vq9k0

No *site* da Biblioteca Virtual Consuelo Pondé, é possível testar seus conhecimentos sobre a Guerra da Independência do Brasil na Bahia por meio de um jogo. Entre no *site* e divirta-se! Acesso em: 23 mar. 2016.

> ### + SAIBA MAIS
>
> **Brasileiros e portugueses se enfrentam na Bahia**
>
> Antes mesmo de declarada a Independência do Brasil, o clima de revolta já era evidente na Bahia. Afrontando as autoridades portuguesas, em junho de 1822, duas vilas baianas decretaram dom Pedro como "Defensor Perpétuo do Brasil".
>
> O ato mobilizou as tropas portuguesas e, em 25 de junho de 1822, teve início a guerra entre portugueses e baianos pelo controle da Bahia.
>
> Apesar de contar com a participação de alguns homens da elite, as tropas baianas eram formadas, em sua maioria, pela população pobre e por escravizados. No caso dos escravizados, a luta não era apenas pela liberdade do país, mas também pela própria alforria.
>
> O conflito durou cerca de um ano, tendo fim em 2 de julho de 1823, com a rendição das tropas de Portugal.

Maria Quitéria, pintura de Domenico Failutti, 1890. Por ser mulher, Maria Quitéria foi proibida pelo pai de se alistar nas tropas de defesa da Bahia. Fugiu de casa e, disfarçada de homem, juntou-se aos rebeldes na luta contra os portugueses.

2 A consolidação da Independência aconteceu pacificamente? Explique.

3 Além de Maria Quitéria, outras mulheres participaram da luta pela Independência na Bahia, mas suas histórias só foram resgatadas recentemente. Leia o texto e responda: Por que será que a participação das mulheres nesse conflito não foi lembrada antes?

> A memória da guerra pela Independência apagou o papel das mulheres. [...] não há indício de que Maria Quitéria tenha sido celebrada em vida durante a festa anual do Dois de Julho, que comemora a vitória dos patriotas. Passou-se mais de um século antes que ela fosse consagrada heroína: em 1953 recebeu um monumento e em 1996 foi reconhecida como Patrono do Quadro Complementar de Oficiais do Exército Brasileiro. [...] Nada mais justo: dentro ou fora do campo de batalha, as lutas pela Independência na Bahia também foram negras, femininas e populares.
>
> Hendrik Kraay. A Independência delas. *Revista de História da Biblioteca Nacional*, 1º jun. 2015. Disponível em: <http://linkte.me/v5ew2>. Acesso em: 22 mar. 2016.

▪ A primeira Constituição do Brasil

Em 1823, foi convocada uma **Assembleia Constituinte** para elaborar a primeira Constituição do Brasil. Seus membros foram escolhidos nas diversas províncias por eleição, que teve a participação apenas de homens proprietários de escravizados e terras, com idade acima de 25 anos.

Os constituintes acreditavam que os poderes do imperador deviam ser limitados e regulados pela Constituição. Dom Pedro I discordava disso e determinou o fechamento da Assembleia, escolhendo um grupo de dez pessoas para elaborar a primeira Constituição brasileira.

Em 25 de março de 1824, dom Pedro I apresentou a Constituição à nação. Quando uma Constituição é imposta, dizemos que ela foi **outorgada**. Quando ela é elaborada por representantes eleitos, dizemos que foi **promulgada**.

Assembleia Constituinte: no texto, refere-se à reunião de representantes para elaborar a Constituição do país.

Na Constituição de 1824, ficou estabelecido que:
- o Brasil adotaria a monarquia como forma de governo;
- nas eleições, só poderiam votar homens livres que tivessem determinada renda. Ficavam excluídos do direito ao voto mulheres, homens pobres, pessoas escravizadas e ex-escravizados;
- o voto não seria secreto;
- o governo seria constituído de quatro poderes: Executivo, Legislativo, Judiciário e Moderador. O **Executivo** seria exercido pelo imperador e por seus ministros. O **Legislativo** seria formado por deputados e senadores eleitos. O **Judiciário** seria composto de juízes escolhidos pelo imperador. O **Moderador**, que tinha como função controlar os outros poderes, seria exclusivo do imperador.

4 Pesquise em um dicionário a palavra **Constituição** e converse com os colegas sobre seu significado.

5 Qual dos poderes estabelecidos pela Constituição de 1824 não existe mais?

6 Observe a reprodução de uma nota de cem mil-réis usada no Brasil em 1833. Como era o nome do país escrito na nota?

Reprodução de nota de cem mil-réis.

■ A abdicação do imperador

A Constituição de 1824 foi bastante criticada. Muitos achavam que o imperador detinha poderes demais.

Um dos movimentos mais importantes contra o excesso de poder de dom Pedro I iniciou-se na província de Pernambuco em 1824 e ficou conhecido como **Confederação do Equador**. Um de seus principais líderes foi Frei Caneca. A revolta atingiu também a Paraíba, o Rio Grande do Norte e o Ceará.

Entre os princípios defendidos pelos rebeldes estavam a liberdade de expressão e maior autonomia das províncias.

Duramente reprimidos pelas tropas enviadas do Rio de Janeiro, os rebeldes pernambucanos foram derrotados e muitos foram presos ou mortos.

Depois de enfrentar essa e outras manifestações contrárias a seu governo, dom Pedro I **abdicou** do trono brasileiro em 1831. Voltou para Portugal, deixando o trono para seu herdeiro, dom Pedro de Alcântara, que tinha apenas 5 anos de idade.

Abdicar: desistir do direito a algo (no caso, de ser o imperador do Brasil).

Abdicação de dom Pedro I, de Aurélio de Figueiredo. Pintura do século XIX.

7 Segundo a pintura de Aurélio de Figueiredo, a que personagem dom Pedro I entregou a carta de abdicação?

_____

8 Por que houve críticas à Constituição de 1824? Explique.

_____

_____

9 Quais eram as reivindicações dos participantes da Confederação do Equador?

_____

_____

Regentes governam o Brasil

O herdeiro de dom Pedro I tinha apenas 5 anos de idade. Então, quem governaria o país?

De 1831 a 1840, o Brasil foi governado por **regentes**. Por isso, esse período ficou conhecido como **Regência** ou **período Regencial**. Inicialmente, deputados e senadores escolheram três regentes para, juntos, tomarem as decisões no governo. Em 1835, os três regentes foram substituídos pelo padre Diogo Antônio Feijó, que se tornou regente único.

Durante o período Regencial, a situação econômica do país agravou-se. Além disso, os regentes também eram alvo de muitas críticas, especialmente quando escolhiam os **presidentes das províncias**. Muitas vezes, os escolhidos não atendiam aos interesses dos grupos políticos das províncias. Esse foi um dos fatores que contribuíram para a série de revoltas que ocorreram durante o período Regencial.

Presidente da província: era o responsável pela administração da província, correspondente ao cargo de governador de estado.

O juramento da Regência Trina Permanente, pintura de Araújo Porto-Alegre, século XIX.

1 Observe a pintura desta página e responda: Quais setores sociais participaram do juramento da Regência Trina?

2 Com a instalação das regências, Pedro de Alcântara perderia o poder? Explique.

Rebeliões: questões sociais e políticas

As disputas políticas, as insatisfações dos diferentes setores da sociedade e a crise econômica foram ingredientes para a eclosão de revoltas ao longo do período Regencial. Isso tudo demonstra o descontentamento da população com o governo central, ou seja, com os regentes. Conheça algumas delas.

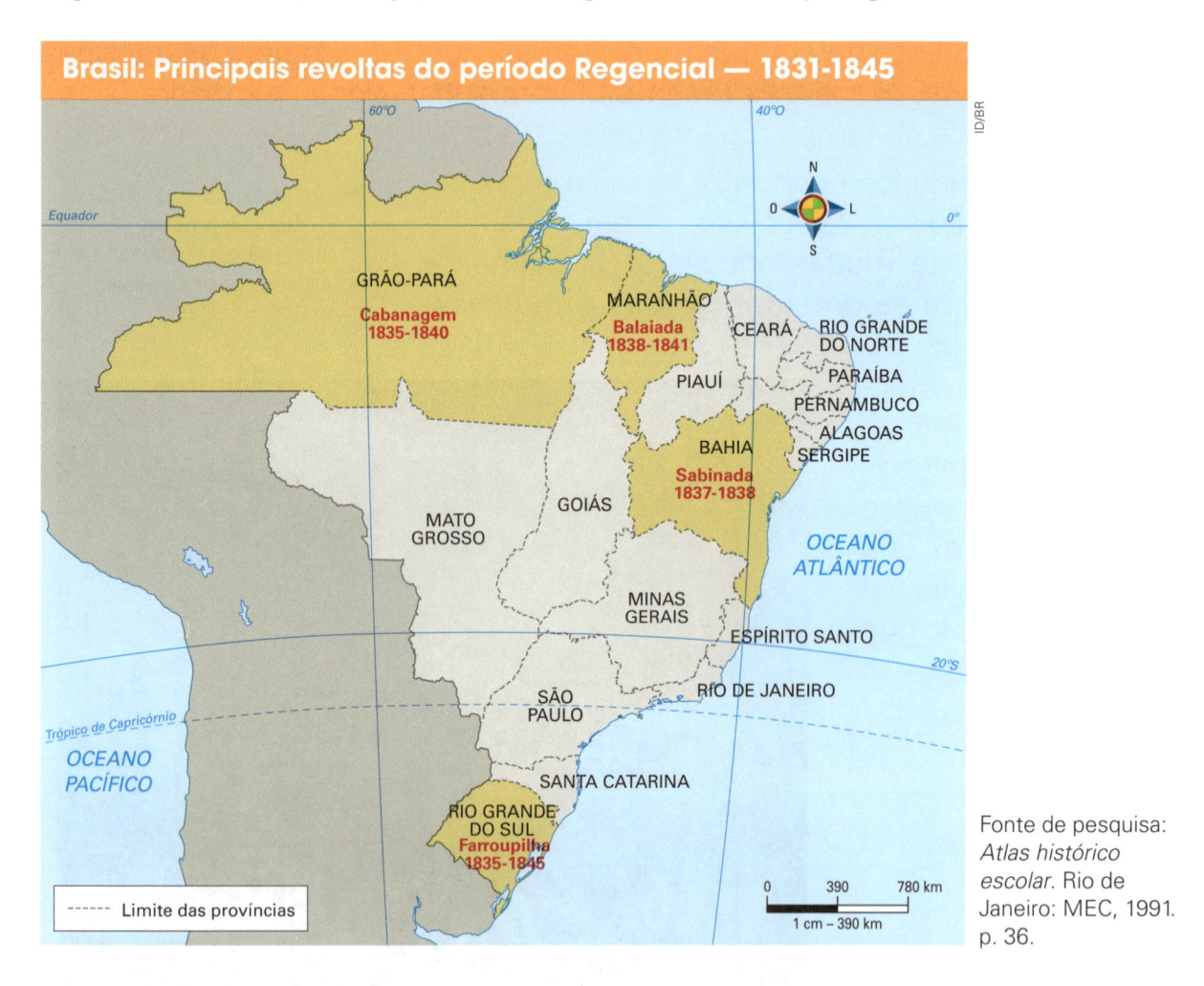

Brasil: Principais revoltas do período Regencial — 1831-1845

- Cabanagem 1835-1840 — GRÃO-PARÁ
- Balaiada 1838-1841 — MARANHÃO
- Sabinada 1837-1838 — BAHIA
- Farroupilha 1835-1845 — RIO GRANDE DO SUL

Fonte de pesquisa: *Atlas histórico escolar*. Rio de Janeiro: MEC, 1991. p. 36.

Cabanagem – Grão-Pará

A maior parte da população do Grão-Pará era muito pobre. Constituía-se principalmente de afrodescendentes e indígenas que viviam da extração de produtos da floresta e moravam em cabanas, nas margens de rios. Por isso eram chamados de **cabanos**. A difícil situação em que viviam era motivo de grande descontentamento entre os cabanos.

Em 1835, eles se uniram aos fazendeiros e comerciantes locais, que também estavam insatisfeitos com o governo, e iniciaram a revolta que ficou conhecida como Cabanagem. Eles ocuparam Belém e estabeleceram um novo governo, mas foram derrotados em 1840 por tropas enviadas pelo regente.

3 Em sua opinião, por que ocorrem revoltas populares? Explique.

Revolução Farroupilha – Rio Grande do Sul

Os fazendeiros de gado e produtores de charque (carne-seca) da província do Rio Grande do Sul se opunham ao governo regencial, devido aos altos impostos e à imposição do novo presidente da província.

Em 1835, liderados por Bento Gonçalves, os fazendeiros iniciaram um movimento para separar o Rio Grande do Sul do restante do país. Os revoltosos proclamaram a República rio-grandense e estenderam o movimento para Santa Catarina. Ali proclamaram a República Juliana.

Somente em 1845, mediante um acordo, o governo imperial conseguiu restabelecer o controle da região. Os gaúchos poderiam escolher o presidente da província e obteriam vantagens para a comercialização de charque.

Fazendeiro e vaqueiro representados na aquarela *Habitantes do Rio Grande*, de Debret, 1825.

Sabinada – Bahia

Em 1837, iniciou-se em Salvador, na Bahia, uma revolta contra o governo da Regência, liderada pelo médico Francisco Sabino Vieira.

Um dos principais motivos de descontentamento da população foi a convocação de tropas baianas para combater a Revolução Farroupilha, no Rio Grande do Sul.

O governo regencial, apoiado pelos senhores de engenho baianos, reprimiu com violência a revolta. A cidade de Salvador foi cercada, o que impediu o abastecimento de alimentos e água. Em 1838, a rebelião estava liquidada.

4 Onde e quando ocorreram a Cabanagem, a Farroupilha e a Sabinada?

_____

_____

_____

5 Em relação à Cabanagem e à Farroupilha, podemos classificá-las como populares ou elitistas? Converse com os colegas e o professor.

Balaiada – Maranhão

Na província do Maranhão, o descontentamento com o governo regencial se evidenciou em vários setores da sociedade: proprietários de terras que cultivavam algodão, criadores de gado e a parcela mais pobre da população, cuja maioria era composta de pessoas escravizadas.

A revolta, que começou em 1838, teve líderes populares, isto é, que não pertenciam à elite. Um deles era fabricante de balaios, o que deu nome à revolta.

Vaqueiros, artesãos, lavradores e negros quilombolas se rebelaram e tomaram a cidade de Caxias, a segunda maior da província. Os revoltosos foram derrotados em 1841 pelas tropas do governo.

Fabricantes de balaios. Gravura de Jules-Joseph-Augustin Laurens, 1861.

O Golpe da Maioridade

Em alguns conflitos ocorridos após a Independência, os revoltosos pretendiam separar politicamente sua província do restante do Brasil.

Alguns políticos acreditavam que apenas o monarca poderia acabar com as revoltas nas províncias e manter o território brasileiro unido. Mas a Constituição de 1824 determinava que, para assumir o trono, o monarca precisava ter 18 anos de idade. Muitos políticos argumentavam que era necessário, então, antecipar a maioridade de Pedro de Alcântara.

Houve muitos debates entre aqueles que desejavam a antecipação da maioridade e os que defendiam o cumprimento da Constituição. Por fim, foi decidido que a maioridade seria antecipada.

Em 1840, com 14 anos de idade, Pedro de Alcântara tornou-se imperador do Brasil. O período Regencial chegava ao fim e tinha início o Segundo Reinado.

6 O que causou a Balaiada? Quem foram seus líderes?

_____

_____

7 Qual era a justificativa dos políticos favoráveis à antecipação da maioridade de Pedro de Alcântara?

_____

_____

Registros

Os conflitos nos mapas

Os mapas que mostram conflitos armados contêm informações que ajudam a compreender suas etapas, os movimentos das tropas, etc.

O mapa a seguir mostra os principais combates da Revolução Farroupilha. Observe como são representados os locais, as datas das batalhas e quem saiu vitorioso em cada um dos combates.

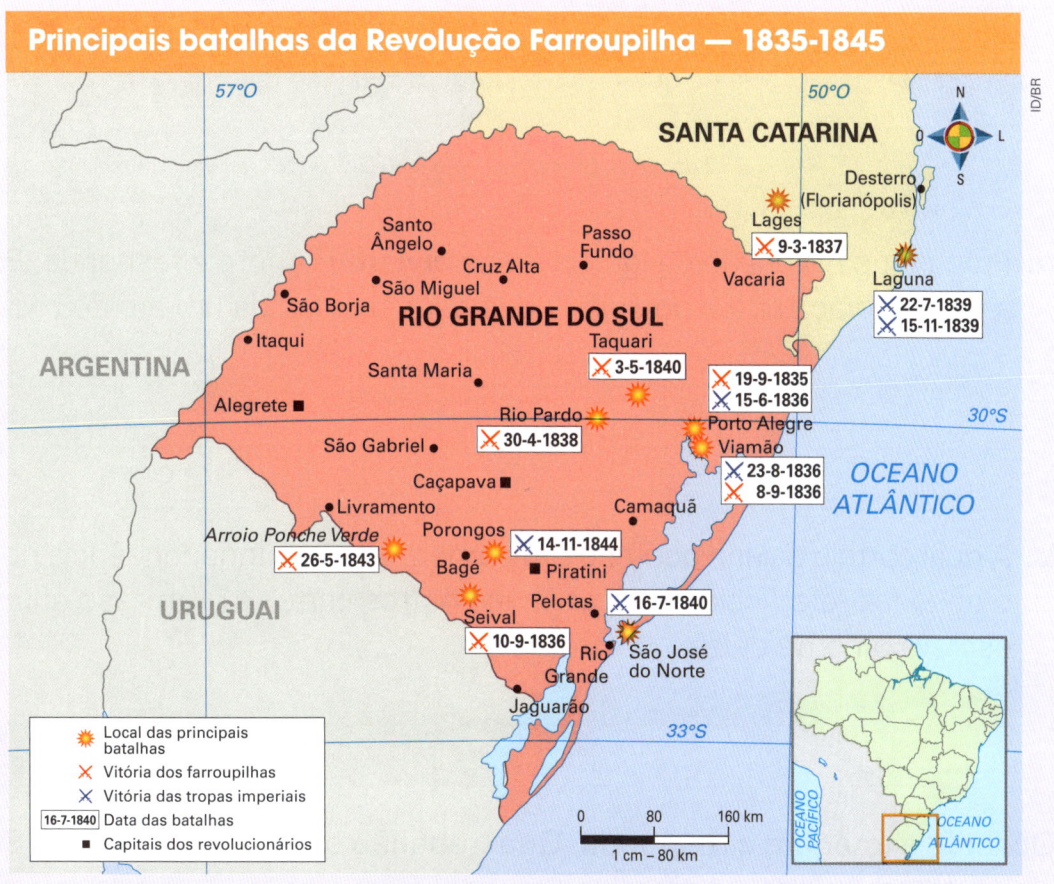

Principais batalhas da Revolução Farroupilha — 1835-1845

Fonte de pesquisa: Moacyr Flores. *Revolução dos Farrapos*. São Paulo: Ática, 1995. p. 24.

1 De acordo com as cores indicadas, circule no mapa:

- o primeiro combate da Revolução Farroupilha.
- o último combate da Revolução Farroupilha.
- as capitais dos revolucionários.

2 Forme dupla com um colega para conversar sobre a questão: O mapa indica qual foi o resultado da Revolução Farroupilha? Como vocês descobriram isso? Compartilhem suas conclusões com os colegas e o professor.

Agora já sei!

1 Anualmente, no dia 2 de julho, ocorrem desfiles pelas ruas de diversos municípios da Bahia. Sobre isso, leia o texto e responda às questões.

> Na Bahia, desde 1824, a conquista da independência é celebrada com muita festa nas ruas, sempre com muito verde e amarelo. [...]
> O Dois de Julho é, sem dúvida, uma das datas mais significativas da Bahia. Mas, vai além do civismo. Para o povo baiano, que neste dia logo cedo está nas ruas esperando o carro do Caboclo e da Cabocla passar, é um cortejo de fé e uma celebração democrática, que abraça todas as legendas políticas, todas as manifestações religiosas e cada cidadão, seja de que raça for, do mais velho ao mais moço.

2 de Julho. Salvador Cultura Todo Dia. Disponível em: <http://linkte.me/v8uxg>. Acesso em: 22 mar. 2016.

a. Procure no dicionário o significado de **civismo**. Anote e responda: Por que a comemoração do 2 de Julho pode ser considerada um ato de civismo?

_____
_____
_____

b. A qual cortejo baiano ocorrido em comemoração à Independência do Brasil o texto faz referência? Você conhece outros cortejos? Em caso afirmativo, escreva o nome deles.

_____
_____

2 Observe a imagem e responda: Qual rebelião ocorrida no período Regencial está associada ao tipo de habitação representado na imagem? Explique.

_____
_____
_____
_____
_____

Habitação de pau a pique e telhado de palha de sapê no município de Bragança, PA. Foto de 2013.

3 Ligue as características listadas a seguir aos nomes das rebeliões às quais se referem.

Teve a participação de pessoas muito pobres, entre as quais escravizados e indígenas que viviam na região do Grão-Pará.	Sabinada
Seus principais líderes eram proprietários rurais, descontentes, entre outros motivos, com os altos impostos cobrados pelo governo central.	Cabanagem
O recrutamento de soldados para lutar em outra província foi uma das razões dessa revolta.	Balaiada
O movimento ocorreu na província do Maranhão e suas lideranças eram populares.	Revolução Farroupilha

4 A Revolução Farroupilha durou dez anos. Nesse período, enquanto os homens lutavam, as mulheres garantiam a sobrevivência da família. Leia o texto do escritor Erico Verissimo e responda às questões.

> [...] Mas uma mulher nesta terra tem de estar preparada para o pior. Os homens não têm juízo, vivem nessas folias de guerras. Que é que a gente vai fazer senão ter paciência, esperar, cuidar da casa, dos filhos... Os homens dependem de nós. [...] Um dia eles voltam e tudo vai depender do que encontrarem. Não se esqueça. Nós também estamos na guerra. E ninguém passa por uma guerra em branca nuvem. Não se iluda. O pior ainda nem começou.

Erico Verissimo. *O tempo e o vento*: o arquipélago III. Porto Alegre: Globo, 1970. t. 1. p. 277-278.

a. Nesse trecho, a personagem que fala é um homem ou uma mulher? Você acha que essa personagem é favorável à guerra?

b. Em sua opinião, por que a personagem afirma que "Nós também estamos na guerra"?

c. Você acha que a guerra deve ser o meio para resolver os problemas políticos? Por quê? Explique sua opinião aos colegas e ao professor.

CAPÍTULO 2 — 1840: o Brasil tem novamente um imperador

Você sabe quantos anos é preciso ter para governar o país? E para trabalhar? Leia o texto a seguir.

> O segundo imperador do Brasil acabara de completar 7 anos de idade, e lá fora o clima de instabilidade política se espalhava. [...] Enquanto isso, em sua rotina no Paço de São Cristóvão, Pedro de Alcântara João Carlos Leopoldo Salvador Bibiano Francisco Xavier de Paula Leocádio Miguel Gabriel Rafael Gonzaga – ou apenas Pedro II – terminava mais uma de suas lições de caligrafia. [...]
>
> Quem se depara com os manuscritos produzidos pelo imperador do Brasil nos primeiros anos de vida [...] surpreende-se com a beleza e a sofisticação de sua letra. [...]
>
> Tamanha destreza com a pena não se manifestou de forma natural, espontânea. Pelo contrário, sua caligrafia revela os reflexos da obstinada disciplina e da pesada rotina de estudos de um garoto que se preparava para assumir as rédeas de uma nação quase tão jovem quanto ele [...]. [...]
>
> O sétimo filho de D. Pedro I e de D. Leopoldina foi reconhecido como herdeiro do trono em meados de 1826. [...]

Dom Pedro, Dona Francisca e Dona Januária, pintura de Félix-Émile Taunay, de cerca de 1835.

Priscila da Costa Pinheiro e Sérgio Augusto Vicente. Aprendiz de imperador. *Revista de História da Biblioteca Nacional*, 1º nov. 2014. Disponível em: <http://linkte.me/ndrii>. Acesso em: 23 mar. 2016.

1 Considerando que dom Pedro II nasceu em 1825, em que ano ele completou 7 anos? Por que os autores do texto afirmam que nesse período o clima era de "instabilidade política"?

2 Os responsáveis pelo pequeno monarca tinham algum objetivo com a rígida disciplina que impunham a ele? Qual? Converse com os colegas.

Dom Pedro II governa o Brasil

O reinado de dom Pedro II teve início em 1840. Ele governou o Brasil por quase 50 anos, até 1889.

De acordo com a Constituição de 1824, o imperador exerce os poderes **Executivo** e **Moderador**. Dom Pedro II governou o país auxiliado pelos ministros, que eram nomeados por ele. Havia também o Conselho de Estado, formado por pessoas que o assessoravam em suas decisões.

Os dez primeiros anos

Ao assumir o trono, dom Pedro II tomou medidas para garantir a unidade nacional e consolidar as estruturas do governo.

Retrato do imperador dom Pedro II, pintura de Félix-Émile Taunay, feita em 1835.

Para pôr fim aos conflitos que ainda persistiam (Balaiada e Farroupilha), o imperador mandou tropas imperiais para combater os revoltosos. A Balaiada foi vencida em 1841, com a morte de milhares de indígenas, pessoas escravizadas e sertanejos. A Farroupilha durou ainda até 1845 e terminou por um acordo entre os rebeldes e o governo imperial.

O Brasil só conseguiu a estabilidade política depois que houve um equilíbrio de forças entre o Partido Conservador e o Partido Liberal, ambos formados por pessoas da elite. Eram, em sua maioria, proprietários de terras e de escravizados. Por meio de uma "política de conciliação", dom Pedro II formou o gabinete de governo com membros dos dois partidos.

Nessa época, o café se tornou o principal produto da exportação brasileira. E a riqueza gerada promoveu grandes transformações sociais e econômicas no país.

1 O que dom Pedro II fez para acabar com a Balaiada e a Farroupilha?

2 E para estabilizar a política, o que o imperador fez?

Modernização tecnológica

A partir de 1850, com a consolidação política do império e a bem-sucedida economia cafeeira, uma série de inovações tecnológicas foi introduzida no país, o que marcou o governo de dom Pedro II.

Com isso, houve muitas mudanças na economia e na sociedade.

Nessa época, foram inauguradas as primeiras estradas de ferro e as primeiras linhas telegráficas do Brasil. Houve também grande investimento na iluminação a gás das vias públicas das cidades. E, na década de 1870, foi feita a primeira ligação telefônica no país.

As mudanças ocorriam principalmente no Rio de Janeiro, onde a corte e o imperador estavam instalados.

Largo da Sé, na cidade de São Paulo. A iluminação pública era feita por lampiões a gás. Foto de cerca de 1860.

➕ SAIBA MAIS

Você já ouviu falar de Irineu Evangelista de Sousa? E de barão de Mauá, nome pelo qual ficou conhecido? Ele foi pioneiro na implantação de várias atividades econômicas no Segundo Reinado. Fundou indústrias, instalou a primeira estrada de ferro do Brasil e a primeira linha de telégrafo. Foi dono de bancos, companhias de seguro e de navegação e empresas de mineração.

3 A partir de 1850, surgiram inovações tecnológicas no país. O que era novo para as pessoas daquela época? E hoje, quais são as novidades tecnológicas? Converse sobre o tema com os colegas, sob a orientação do professor.

4 Agora é com você! Continue o texto no caderno: No mundo atual, todo dia aparece uma novidade tecnológica. Elas são...

▬ Desigualdades

A modernização, porém, não chegou para toda a população. A maioria dos trabalhadores não se beneficiava das mudanças. Além disso, até 1888 muitos deles ainda eram escravos.

No campo, as condições de vida e trabalho das pessoas escravizadas não se alteraram. Em contrapartida, os fazendeiros de café formaram grandes fortunas.

No início do século XIX, começaram a chegar ao Brasil imigrantes de países da Europa. Mas foi na segunda metade do século que eles vieram em grande número para trabalhar nas lavouras de café do Oeste Paulista. As condições de vida desses imigrantes também eram difíceis.

5 As imagens referentes às legendas a seguir encontram-se na página 145. Recorte-as e cole em seus respectivos lugares. Em seguida, converse com os colegas e o professor sobre as questões a seguir.

Residência de comerciante. Colônia Dona Francisca, província de Santa Catarina. Foto de 1886.

Senzala de uma fazenda do interior da província do Rio de Janeiro. Gravura de cerca de 1850.

Prédios residenciais em Manaus, AM. Foto de 2013.

Palafitas nas margens de rio em Manaus, AM. Foto de 2012.

a. De quando são as duas primeiras imagens? O que elas mostram?

b. E as duas últimas imagens, de quando são? O que elas mostram?

c. Quanto tempo se passou entre as duas primeiras imagens e as duas últimas? O que você conclui?

A cultura nacional

Em seu reinado, dom Pedro II incentivou o desenvolvimento científico e a produção artística brasileira. Ele queria projetar a imagem do país no exterior, principalmente nos países europeus. Para isso, buscava exaltar a história do Brasil e promover instituições e eventos culturais.

Um exemplo são as obras com temas históricos. O quadro *Independência ou morte*, de Pedro Américo, faz parte da produção artística dessa época. Veja novamente a reprodução dessa obra na página 33.

O imperador promovia encontros com pintores, músicos, escritores e cientistas, apoiando os que considerava capazes de realizar obras de qualidade. Muitos pintores brasileiros estudaram na França ou na Itália, financiados pelo imperador.

Escritores e outros artistas e intelectuais também se dedicaram à cultura brasileira em suas obras. Em geral, os temas são brasileiros, mas as obras são feitas em estilo europeu.

A vida na corte

Em torno de dom Pedro II estavam os nobres, que constituíam a corte brasileira. Embora as cerimônias oficiais, as festas, os hábitos e os costumes imitassem as referências europeias, a corte brasileira foi bastante singular, pois as influências indígenas e africanas também estiveram presentes.

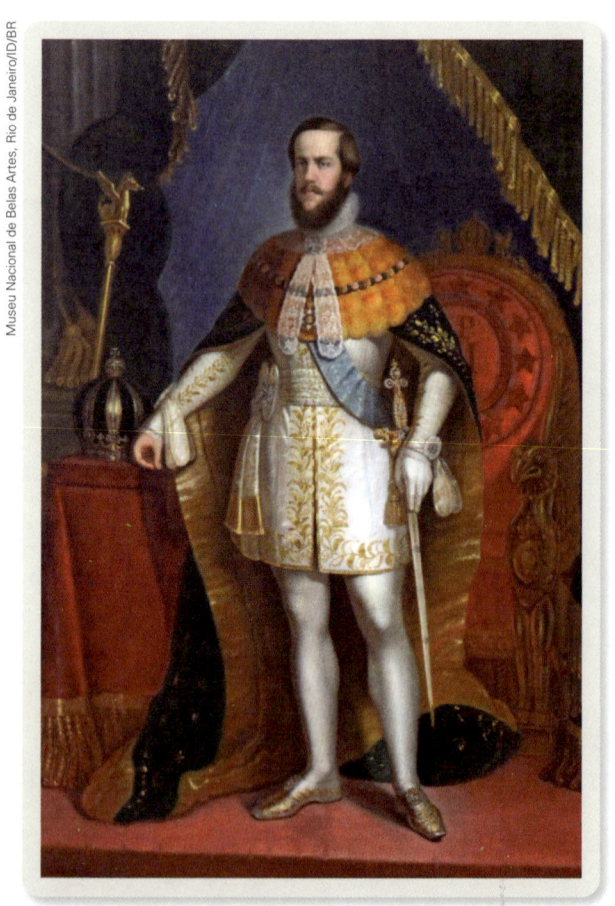

Dom Pedro II retratado por Pedro Américo, em pintura de 1872.

1 Observe as roupas e ornamentos de dom Pedro II representados na pintura de Pedro Américo. Você consegue identificar elementos que fazem referências a culturas do Brasil, como indígena, gaúcha, africana, etc.? Se sim, quais?

_____
_____
_____
_____
_____
_____

Registros

Costumes: vestimentas, louças, utensílios...

Você já deve ter observado que as pessoas têm jeitos ou estilos diferentes de se vestir. Isso depende da moda, do gosto, do poder aquisitivo. O mesmo ocorre com os objetos pessoais que elas usam, os utensílios, a louça, a mobília.

Ao longo do tempo, as preferências, a moda e os estilos mudam. É por isso que roupas e objetos podem mostrar características de uma época. Por meio deles podemos conhecer um pouco dos hábitos, costumes, gostos, estilos das pessoas em diferentes épocas e locais.

Durante o século XIX, a influência europeia, principalmente francesa, invadiu o império brasileiro. Em pleno clima de temperaturas elevadas, homens e mulheres usavam luvas para seguir a moda estrangeira. Mas a influência não era acessível a todos: apenas pessoas ricas conseguiam acompanhar a moda.

Veja, ao lado, fotos de alguns objetos usados no século XIX.

Casaco.

Moringa.

Conjunto de chá.

Berço.

Blusa.

2 Qual era o objetivo de dom Pedro II ao incentivar as artes e a ciência?

_____

_____

3 No século XIX, os países europeus exerciam grande influência nos costumes da corte imperial brasileira. Converse com os colegas.

a. Por que a referência era sempre europeia?

b. E hoje, que país exerce mais influência nos costumes dos brasileiros? Dê pelo menos um exemplo que justifique sua resposta.

A Guerra do Paraguai

Entre 1864 e 1870 o Brasil esteve envolvido na Guerra do Paraguai.

De um lado, lutaram **Brasil**, **Uruguai** e **Argentina**, que formaram a **Tríplice Aliança**. Do outro, o **Paraguai**.

Observe no mapa ao lado que os rios Paraguai, Paraná, Uruguai e da Prata eram muito importantes para esses países. Por meio deles realizava-se o comércio de mercadorias e fazia-se a ligação do interior do continente com o oceano Atlântico.

Existem diferentes visões sobre os motivos da guerra, dependendo da época e dos estudiosos. Alguns afirmam que, entre as causas da guerra, estão os conflitos entre o Paraguai e os demais países pela livre navegação nos rios da bacia do Prata.

A guerra teve início quando o presidente paraguaio Solano López mandou apreender um navio brasileiro no rio Paraguai.

América do Sul: Países envolvidos na Guerra do Paraguai — 1864-1870

Fonte de pesquisa: *Atlas histórico escolar*. Rio de Janeiro: MEC, 1991. p. 68-69.

Os efeitos da guerra

A guerra durou seis anos e foi o confronto mais sangrento ocorrido na América do Sul. O Paraguai foi derrotado e quase destruído. No final da guerra, grande parte de sua população masculina havia morrido.

Para os países da Tríplice Aliança, a vitória teve um custo muito alto. O Brasil perdeu cerca de 50 mil pessoas em combate e contraiu uma dívida altíssima com a Inglaterra.

1 Observe o mapa desta página e responda: Por que era importante para o Paraguai navegar pelos rios Paraguai e Paraná?

A participação dos escravizados

Um grande número de escravizados defendeu o Brasil nesse conflito. Eles se alistavam com a promessa de ganhar a carta de alforria ao final da guerra. Entretanto, muitos morreram em combate antes de obter a liberdade. Houve ainda aqueles que, ao retornar da guerra, não tiveram a liberdade reconhecida.

A convivência entre soldados brancos e negros fez com que, dentro do Exército, muitos se posicionassem contra a escravidão e ajudassem os descendentes de africanos nas tentativas de fuga ou de alforria.

Combatente negro voltando da Guerra do Paraguai. Desenho de Ângelo Agostini, 1870.

As mulheres na Guerra do Paraguai

As mulheres participaram da Guerra do Paraguai tanto entre os paraguaios quanto entre os membros da Tríplice Aliança. Além de costurar os uniformes utilizados pelas tropas, cuidar da produção de alimentos e tratar dos doentes e feridos durante as batalhas, elas também participaram dos combates.

Do lado paraguaio, muitas mulheres que integraram os acampamentos militares foram convertidas em soldados combatentes e algumas conquistaram a patente de sargento.

Alistamento voluntário de mulheres paraguaias. Gravura publicada na revista *Semana Illustrada*, em 1865.

2 Observe as imagens **A** e **B** e responda às questões.

a. O que cada imagem mostra?

_____

_____

b. Converse com os colegas: No que estaria pensando o soldado da imagem **A**? E as mulheres da imagem **B**, que se alistavam como voluntárias?

Agora já sei!

1 Qual foi a base das mudanças econômicas no Brasil na segunda metade do século XIX? Explique sua resposta.

_____
_____
_____
_____

2 Observe a imagem ao lado, leia a legenda e responda às questões.

a. De quando é o jornal?

_____
_____

b. Que imagem aparece na primeira página?

_____
_____
_____
_____
_____

c. Para quem se destinava esse tipo de publicação? Por quê?

_____
_____
_____
_____
_____

Primeira página da edição de *A Estação*: jornal illustrado para a familia, publicado no Rio de Janeiro em 30 de agosto de 1879.

d. No século XIX, quem sabia ler se informava por meio de jornais. E hoje em dia, como as pessoas se informam?

_____
_____

3 As cidades maiores passaram por modificações no Segundo Reinado. Uma delas foi o uso de gás na iluminação pública em substituição ao óleo de baleia, que tinha cheiro desagradável.

a. Eram necessárias muitas baleias para produzir o óleo usado na iluminação do Rio de Janeiro. O que aconteceria com o número de baleias existentes no mar depois de alguns anos, considerando o crescimento da cidade e o aumento do número de postes?

_____
_____
_____

b. Qual é sua opinião sobre a matança de baleias e outros animais que estão em vias de extinção? Leia sua resposta para os colegas.

_____
_____
_____

4 No governo de dom Pedro II, apesar dos investimentos, a educação pouco avançou. Leia o texto e responda às questões.

> [...] apesar do interesse do imperador pela instrução e pelas ciências, os gastos nessa área [...] foram modestos. Mesmo no que se refere à educação primária, embora a Constituição de 1824 a definisse como obrigação do Estado, pouco foi feito na maioria das províncias nesse sentido. O governo central cuidava de fato era da educação superior [...] e de algumas instituições de ensino secundário que entravam no elenco de predileções do imperador [...]. De resto, a falta de instrução era uma grande realidade para a maior parte do país, onde não parecia haver interesses provinciais no aumento do número de cidadãos esclarecidos.

Lilia Moritz Schwarcz. *As barbas do imperador*: dom Pedro II, um monarca nos trópicos. São Paulo: Companhia das Letras, 2004. p. 155.

a. Como dom Pedro II cuidou da educação em seu governo?

_____
_____

b. E hoje, como é a educação pública no Brasil? Todos têm acesso a ela? Converse com os colegas e o professor.

CAPÍTULO 3 — O fim da monarquia

No Segundo Reinado, as charges eram bastante comuns nos jornais. Elas tratam com **ironia** acontecimentos e pessoas em evidência no momento. Em geral, a charge faz uma crítica por meio do humor. No desenho, o chargista exagera as características das pessoas, de modo que fiquem engraçadas.

Observe estas charges.

Ironia: modo de se expressar dizendo o contrário do que se pretende, provocando risos.

Dom Pedro II dormindo com o jornal *O Paiz* em seu colo. Charge de Ângelo Agostini, 1887.

País dormindo durante a transmissão do telejornal. Charge de Zé Dassilva, 2013.

1 Uma das charges é dos dias atuais e a outra é do Segundo Reinado.

a. Qual é a charge atual? E a do Segundo Reinado? Conte aos colegas como você percebeu.

_____

b. Quem são os personagens principais das charges? O que eles fazem?

_____

c. Qual seria a crítica de cada charge?

_____

2 Em sua opinião, para entender uma charge é preciso saber o que está acontecendo na atualidade? Conte aos colegas.

Crise da monarquia

Em 1870, ao final da Guerra do Paraguai, dom Pedro II foi aclamado pela vitória das tropas brasileiras. Mas, a partir de 1871, o imperador começou a receber críticas cada vez mais severas. Sua imagem foi se desgastando até se tornar o tema predileto das charges dos jornais. Além de criticá-lo, muitas delas o ridicularizavam. Como foi possível tal mudança?

No final do século XIX, vários setores da sociedade demonstravam insatisfação com o governo. Os gastos com a Guerra do Paraguai causaram uma crise econômica que elevou o custo de vida. Isso trouxe dificuldades de sobrevivência para grande parte da população, principalmente para as camadas mais pobres.

Muitos grandes proprietários de terra faziam críticas ao governo imperial. Era o caso dos cafeicultores do Oeste Paulista, que desejavam ampliar sua participação no governo.

Soldo: salário, remuneração dos militares.
República: forma de governo em que os governantes são escolhidos por meio do voto e exercem seu mandato por um tempo determinado.

No Exército, os militares, descontentes desde o final da Guerra do Paraguai, reclamavam dos baixos **soldos** e reivindicavam o direito de manifestar suas opiniões políticas. As relações com a Igreja católica também foram abaladas. Em 1872, houve um desentendimento entre dom Pedro II e dois bispos. Eles se recusaram a obedecer a uma ordem do imperador e foram presos.

Os motivos de insatisfação eram variados, mas um número cada vez maior de pessoas acreditava que outra forma de governo, a **república**, seria a solução.

🔍 Registros

Charge

As charges foram muito usadas na imprensa durante o Segundo Reinado. Ângelo Agostini (1843-1910) foi um importante desenhista, ilustrador e caricaturista dessa época. Nascido na Itália, ele veio para o Brasil e, em 1864, começou a desenhar para a revista *O Diabo Coxo*, de São Paulo. Depois, fez trabalhos para *Vida Fluminense*, *O Mosquito* e *Revista Illustrada*, publicações do Rio de Janeiro.

No fim do século XIX, suas charges divulgavam ideias abolicionistas e republicanas. Nessas charges, dom Pedro II era um dos mais criticados e até mesmo ridicularizado.

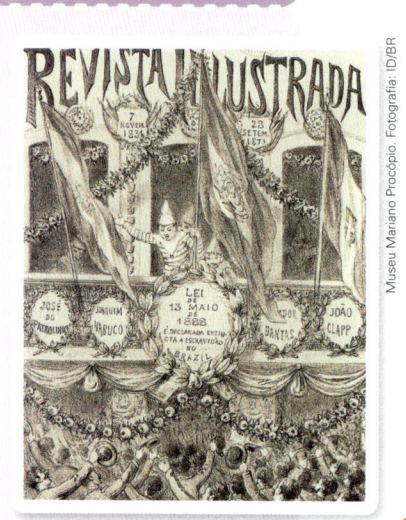

Capa da *Revista Illustrada*, 1888.

- Por que as charges são registros históricos? Converse com os colegas.

As camadas médias da sociedade

No final do século XIX, com o crescimento das cidades, aumentou o número de jornalistas, professores, advogados, médicos, pequenos comerciantes, funcionários públicos e trabalhadores assalariados. Eles formavam as camadas médias da sociedade.

Essas pessoas ficavam excluídas da vida política, pois não tinham a renda exigida para votar nem para serem votadas. Por isso, elas viam na república a possibilidade de participar da vida política e das decisões no país.

Convenção de Itu, pintura de J. Barros, de 1921. O quadro retrata a reunião de republicanos que aconteceu na cidade de Itu, em São Paulo, em 1873. Entre os participantes estavam os principais cafeicultores paulistas.

Abolição da escravidão

Você já sabe que, por mais de trezentos anos, africanos foram trazidos à força para o Brasil para trabalhar como escravos. Ao longo desse período, resistiram de muitas maneiras e lutaram por sua liberdade.

Na segunda metade do século XIX, cresceu o número de políticos, intelectuais e pessoas das mais diversas profissões que apoiavam o fim da escravidão no Brasil. Entre essas pessoas, havia vários negros, como o jornalista José do Patrocínio, o advogado Luiz Gama e o engenheiro André Rebouças.

Finalmente, em 1888, com a Lei Áurea, a escravidão foi abolida no Brasil.

Muitos proprietários de terras e escravos ficaram descontentes com a abolição da escravidão e também deixaram de apoiar a monarquia.

1 Observe a pintura que mostra a Convenção de Itu e responda.

a. Como é o local onde essas pessoas estão reunidas?

b. Quem está participando dessa reunião?

c. É possível dizer a que grupo social essas pessoas pertencem? Explique.

Depois da abolição

Alguns abolicionistas defendiam não apenas o fim da escravidão. Eles pensavam que os antigos escravizados deveriam receber terras para cultivar e que as crianças negras deveriam poder estudar. No entanto, isso não aconteceu. Nada foi feito para garantir trabalho, educação e boas condições de vida para a população negra. Desde a abolição, os negros vêm lutando para superar o racismo, o preconceito e a desigualdade. Um passo muito importante foi dado com o **Estatuto da Igualdade Racial**, que entrou em vigor em outubro de 2010.

O Estatuto da Igualdade Racial prevê que o governo crie programas e ações para combater qualquer tipo de exclusão ou preferência baseada na origem ou na cor da pele da pessoa e para promover a igualdade entre todos os brasileiros. Conheça algumas ações estabelecidas pelo Estatuto.

- Todos os alunos dos ensinos Fundamental e Médio deverão ter aulas sobre a história da África e da população negra no Brasil.
- A capoeira é reconhecida como esporte, e o governo deve oferecer incentivo para sua prática e seu desenvolvimento.
- As empresas públicas e privadas devem assegurar a igualdade de oportunidades no mercado de trabalho para a população negra.

Roda de capoeira na Lagoa Rodrigo de Freitas, no município do Rio de Janeiro. Foto de 2015.

2 Das ações estabelecidas pelo Estatuto da Igualdade Racial mencionadas acima, pelo menos uma faz parte de seu dia a dia escolar. Qual é?

A Proclamação da República

Com a participação de militares, membros da Igreja, cafeicultores paulistas, professores, políticos, escritores e artistas, o movimento republicano se fortaleceu. Entretanto, as camadas pobres da sociedade ficaram excluídas.

No Exército, espalhava-se a ideia de que eram os militares que deveriam derrubar a monarquia e estabelecer a república. Assim, no dia 15 de novembro de 1889, um grupo de militares, liderado pelo marechal Deodoro da Fonseca, derrubou o governo imperial por meio de um golpe. Observe a imagem e leia o texto.

Pintura de autoria desconhecida representando o momento em que dom Pedro II recebe o comunicado militar sobre o fim do governo imperial. Século XIX.

> Mas como foi que, através dos militares, os republicanos chegaram ao poder? Os militares deram um golpe, isto é, retiraram o imperador do governo à força, ameaçando usar as armas.
>
> [...]
>
> Liderados pelo marechal Deodoro da Fonseca, ministro da Guerra, os militares se amotinaram na manhã do dia 15 de novembro de 1889, cercando a sede do Ministério da Guerra e exigindo a renúncia do presidente do Conselho de Ministros, o visconde de Ouro Preto. Ele tentou reagir ao cerco, mas não foi obedecido pelos oficiais, simpáticos a Deodoro. Sem condições de reagir, o visconde aceitou a exigência.
>
> Depois de formar-se o Governo Provisório, presidido por Deodoro, a família imperial foi forçada a deixar o Brasil e embarcou para a Europa na madrugada de 17 de novembro de 1889.

César Coll e Ana Teberosky. *Aprendendo História e Geografia*. São Paulo: Ática, 2000. p. 216-217.

1 Com o golpe militar, a monarquia chegou ao fim. O que contribuiu para o sucesso do golpe?

▪ A partida da família imperial

Após ser destituído, o imperador, seus familiares e algumas famílias próximas do monarca partiram para o **exílio** em 17 de novembro de 1889.

Exílio: lugar distante da terra natal, onde as pessoas podem ser obrigadas a viver.

Esta gravura, de um livro de Urias Antônio da Silveira publicado em 1890, mostra o navio Alagoas conduzindo a Família Real ao exílio, na madrugada de 17 de novembro de 1889.

2 O texto a seguir descreve a partida de dom Pedro II e de sua comitiva para a Europa. Leia-o e depois responda às questões.

> [...] Dizem alguns biógrafos que o povo correu ao porto a fim de dar seu último adeus ao [navio] Alagoas, que partia com a antiga bandeira da Coroa imperial. Tais relatos, que transformam a expulsão em uma "festa de despedida", destoam, porém, das crônicas de época. [...]
> [...]
> Diferentemente da imagem [...] que fazia da saída da família real quase uma festividade [o texto de um dos biógrafos] deixa transparecer um misto de sentimentos: culpa, tristeza e mesmo certa vergonha. Em vez da luz forte do sol, temos o escuro da noite; em lugar da recepção calorosa, a partida solitária, sob olhares escondidos.

Lilia Moritz Schwarcz. *As barbas do imperador*: D. Pedro II, um monarca nos trópicos. 2. ed. São Paulo: Companhia da Letras, 2006. p. 465-466.

a. O texto apresenta duas versões para a partida da família imperial. O que diz cada uma delas?

b. Por que pode haver duas versões sobre um mesmo acontecimento? Converse com os colegas e o professor. Depois escreva suas conclusões no caderno.

3 Monarquia ou república? Em 21 de abril de 1993, os brasileiros responderam a essa pergunta por meio de um plebiscito.

▪ Pesquise em um dicionário o que significa **plebiscito**. Depois, consulte algum adulto que tenha votado no plebiscito de 1993. Procure saber como foram as campanhas e qual foi o resultado. Compartilhe suas descobertas com os colegas e o professor.

Agora já sei!

1 Complete o quadro sinóptico a seguir com os motivos do descontentamento dos grupos sociais citados em relação ao governo monárquico.

Grupos sociais descontentes	Motivos
Exército	
Cafeicultores	
Camadas médias	
Camadas pobres	

2 Leia o trecho deste manifesto e responda às questões.

> [...] Não há, nem pode haver, representação nacional onde não há eleição livre, onde a vontade do cidadão e a sua liberdade individual estão dependentes dos agentes imediatos do poder que dispõe da força pública.
> [...]
> Uma câmara de deputados demissível à vontade do soberano e um senado vitalício à escolha do soberano, não podem constituir de nenhum modo a legítima representação do país.
> [...]
> [...] A centralização, tal qual existe [...], constrange os cidadãos, subordina o direito de todos ao arbítrio de um só poder [...].

Manifesto republicano publicado no jornal *A República*, Rio de Janeiro, 3 dez. 1870. Disponível em: <http://linkte.me/qa4lm>. Acesso em: 23 mar. 2016.

a. Quem escreveu esse manifesto: monarquistas ou republicanos? Como você descobriu?

_____

b. Quem tinha o poder de demitir a Câmara de Deputados?

_____

c. E quem escolhia os senadores vitalícios?

_____

d. Então, o poder era centralizado ou distribuído entre outros representantes do país?

_____

3 Leia a manchete de um jornal do Rio de Janeiro.

a. Escreva:

- o nome do jornal.

  _____

- a data.

  _____

- a manchete e o que ela informa.

  _____
  _____

b. Junte-se a um colega e, em uma folha avulsa, criem:

- uma manchete sobre a partida da família imperial.
- duas linhas sintetizando do que trata a notícia.
- um nome para o jornal e escrevam a data.

4 Leia o texto a seguir e converse com os colegas e o professor sobre as questões propostas.

> Quando temos a nacionalidade de um país, somos cidadãos desse país. [...] os cidadãos participam da vida política votando e expressando livremente suas opiniões.

Odile Gandon. *Para entender o mundo*.
São Paulo: SM, 2007. p. 46.

a. Em sua opinião, ter nacionalidade, votar e ter liberdade para opinar significa participar da vida política e ser cidadão? Justifique sua resposta.

b. Hoje, os brasileiros com 16 anos, se quiserem, podem votar. Isso lhes dá a possibilidade de participar das decisões do governo? Explique.

c. Escreva, no caderno, um pequeno texto com suas conclusões. Depois, leia-o para a turma.

71

Vamos fazer!

Mapa histórico

Nesta unidade foram apresentados alguns mapas. Parte desses mapas contém informações de outras épocas. Eles ajudam a compreender os acontecimentos, a identificar o local onde eles ocorreram, a saber como era o território de um país em determinada época, a perceber mudanças territoriais.

Vamos fazer um mapa sobre um tema do Segundo Reinado? No caso, será sobre os dois primeiros trechos de ferrovia do Brasil!

Eles foram feitos durante o Império. Para saber mais e construir seu mapa histórico, leia as informações a seguir.

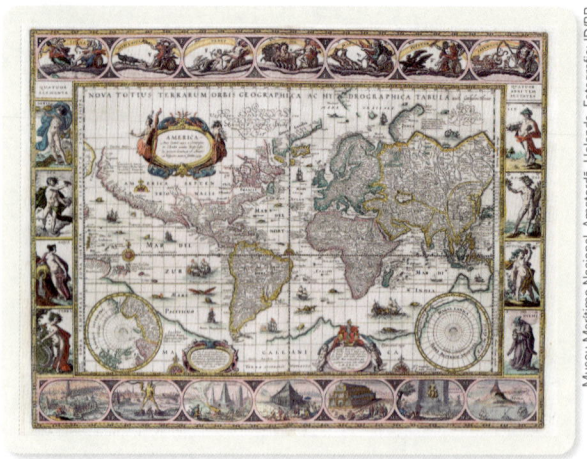

Mapa histórico feito por Guiljelmo Blaeuw, em 1631.

Informações

- Primeiro trecho – Inaugurado em 1858, ligando o centro da cidade do Rio de Janeiro à Freguesia de Nossa Senhora da Conceição de Marapicu (atual Queimados). Havia cinco estações: Campo da Aclamação (atual Central do Brasil), Engenho Novo, Cascadura, Maxambomba (atual Nova Iguaçu) e Queimados. No mesmo ano, a ferrovia foi estendida até Belém (atual Japeri).

- Segundo trecho – Inaugurado em 1863, indo até Rodeio (atual Engenheiro Paulo de Frontin). Depois, alcançou Barra do Piraí, no vale do Paraíba.

Do que vocês vão precisar

- papel de seda ou papel vegetal
- lápis de cor, canetas hidrográficas
- folha de papel sem pauta

Como fazer

1. Encontre no mapa da malha ferroviária do estado do Rio de Janeiro, na página seguinte, as estações e as cidades mencionadas nas informações. Fique atento ao nome delas, pois você deve procurar algumas pelo nome atual.

2. Decalque o mapa com o traçado da Estrada de Ferro Central do Brasil, usando o papel de seda ou vegetal. Marque pontinhos para localizar as cidades e as estações.

3. Transfira o mapa com o traçado da estrada de ferro e os pontinhos para a folha de papel sem pauta.

4. Faça bolinhas nos pontinhos que correspondem às cidades e escreva os respectivos nomes. Mas atenção! Você deve usar o nome antigo.

5. Crie um símbolo para as estações e desenhe-o nos pontinhos correspondentes a elas. Aqui também deve ficar o nome antigo.

6. Seguindo as informações, use duas cores diferentes para cada trecho da ferrovia. Use uma terceira cor para o restante da ferrovia que se divide em dois lados: um lado, em direção a Minas Gerais, e o outro, em direção a São Paulo.

7. Escolha uma cor para pintar o território do estado do Rio de Janeiro. A cor não pode ser azul nem cinza.

8. Pinte de cinza os estados vizinhos e de azul o oceano.

9. Para finalizar, faça a legenda do mapa, indicando o que representam cada símbolo e cada cor. Escreva o título do mapa, sem esquecer de incluir o período ao qual se referem as informações. Desenhe a rosa dos ventos e copie a escala do mapa.

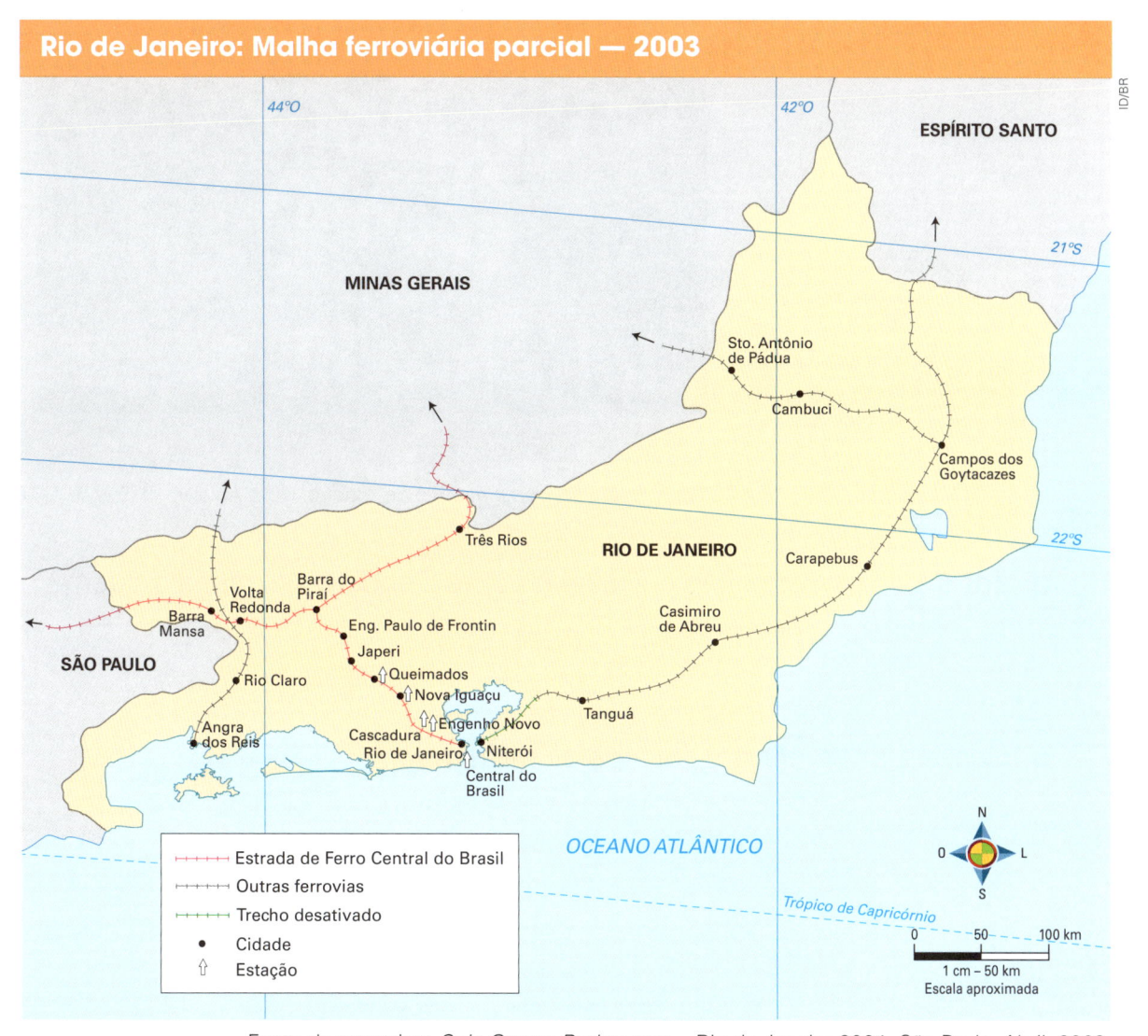

Rio de Janeiro: Malha ferroviária parcial — 2003

Fonte de pesquisa: *Guia Quatro Rodas*: ruas – Rio de Janeiro 2004. São Paulo: Abril, 2003.

O que aprendi?

1 Leia sobre o passeio de Aires, uma personagem do escritor Machado de Assis (1839-1908), e responda às questões.

> [...] Notou que a pouca gente que havia ali não estava sentada, como de costume, olhando à toa, lendo gazetas ou cochilando a **vigília** de uma noite sem cama. Estava de pé, falando entre si, e a outra que entrava ia pegando na conversação sem conhecer os interlocutores; assim lhe pareceu, ao menos. Ouviu umas palavras soltas, *Deodoro*, *batalhões*, *campo*, *ministério*, etc. [...]
>
> Quando Aires saiu do Passeio Público, suspeitava alguma cousa e seguiu até o largo da Carioca. Poucas palavras e sumidas, gente parada, caras espantadas, vultos que arrepiavam caminho, mas nenhuma notícia clara nem completa. Na Rua do Ouvidor, soube que os militares tinham feito uma revolução, ouviu descrições da marcha e das pessoas, e notícias desencontradas.

Vigília: quando alguém fica sem dormir por um longo período.

Entrada do Bosque Flora e Diana no Passeio Público, na cidade do Rio de Janeiro. Fotografia do final do século XIX.

Machado de Assis. *Esaú e Jacó*. Em: *Obra completa*. Rio de Janeiro: Nova Aguilar, 1979. v. 1. p. 1025.

a. Entre as palavras soltas ouvidas, o nome Deodoro se referia a quem?

_____

_____

b. Qual era a "revolução" feita pelos militares?

_____

_____

c. Pela descrição da personagem, como a população participou do evento?

_____

_____

2 Vamos fazer uma linha do tempo sobre o Segundo Reinado.

a. Releia esta unidade e anote no caderno as datas e as situações que considerar mais importantes. Lembre-se da abolição da escravidão!

b. Em uma folha avulsa, construa uma linha do tempo de acordo com as anotações que você fez.

c. Depois, forme grupo com mais dois colegas para comparar as linhas do tempo.

3 Durante o Segundo Império, a fotografia era muito utilizada como símbolo de riqueza e prestígio entre as famílias ricas.

Visconde de Mayrink e família em fotografia de 1880, feita em estúdio.

a. Descreva a imagem, comentando a paisagem e as pessoas.

_____

_____

_____

b. Em sua opinião, há algum indício de que é uma fotografia feita em estúdio? Qual?

c. Você sabe por que, na época, a fotografia era um símbolo de riqueza e prestígio? Com a orientação do professor, pesquise para descobrir.

75

UNIDADE 3
O Brasil republicano I

Desde 1889, o Brasil adotou a república como forma de governo. Os cidadãos passaram a ter o direito de votar em candidatos para representá-los, no governo, por um tempo determinado.

Desde então, a forma de governo tem sido a mesma, mas a participação política mudou.

- Que situação foi representada na ilustração? Você já acompanhou alguém em um momento como esse? Em caso afirmativo, conte aos colegas como era o local e como foi a experiência.

- Durante o império, essa situação era comum? Explique.

- E durante os primeiros governos republicanos? Você acha que essa situação ocorria dessa mesma forma?

- Pesquise o tipo de urna utilizada em seu município nessas ocasiões e complete a ilustração, desenhando a urna no local indicado.

T U V W X Y Z
PAZ
AMOR
JUSTIÇA ELEITORAL
CABINA DE VOTAÇÃO
2º mesário
3º mesário

CAPÍTULO 1 — A Primeira República

O jornal é um importante meio de divulgação de notícias, informações, opiniões. É uma significativa fonte histórica, pois os registros são diários. Veja.

Reprodução de parte da primeira página de jornal.

1 Observe a capa do jornal e preencha o quadro com as informações fornecidas por ela.

Nome do jornal	
Data da publicação	
Cidade onde o jornal é publicado	
Informação divulgada	

2 A data da publicação da notícia é igual à data de quando o fato ocorreu? Em sua opinião, por que isso acontece? Conte sua hipótese aos colegas.

3 Em 1889, a circulação de notícias oficiais era feita principalmente por meio dos jornais impressos. Você acha que nessa época todos podiam ler jornal? E hoje, todas as pessoas têm acesso à informação? Por que é importante conhecer as notícias sobre o país? Converse com os colegas e o professor.

Uma república oligárquica

Depois do 15 de Novembro, estabeleceu-se um governo provisório que permaneceria no poder até que fosse eleito um presidente.

Teve início, então, o processo de organização do **Estado** republicano e de suas instituições. Para isso, foi convocada uma Assembleia Constituinte para elaborar a nova Constituição.

A pintura *A Pátria*, de Pedro Bruno, foi feita em 1919 e mostra a confecção da bandeira nacional. As crianças representadas na obra simbolizam a ideia de nascimento da república.

■ A Constituição de 1891

Em 1891, a nova Constituição foi promulgada. Havia muitas mudanças em relação à Carta Magna do Império, como:

Estado: conjunto de instituições (governo, forças armadas, funcionalismo público, etc.) que controlam e administram um país.
Eleição direta: aquela na qual o eleitor vota diretamente no candidato que escolheu.

- forma de governo – República.
- poderes – Executivo, Legislativo e Judiciário.
- divisão política – As antigas províncias passavam a ser estados. Embora continuassem ligados ao poder central, eles teriam mais autonomia.
- eleições – A escolha de deputados, senadores e presidente da República passava a ser feita por **eleição direta**.
- voto – Era aberto (não secreto). Tinham direito ao voto os homens maiores de 21 anos alfabetizados, exceto os militares de baixa patente e membros do clero. As mulheres não podiam votar.

Reprodução da página de rosto da Constituição de 1891.

1 No Império havia quatro poderes. Qual foi extinto pela nova Constituição?

2 Durante o governo imperial, nosso país era chamado de Império do Brasil. Observe a imagem **B** e responda: Como o país foi chamado pelo primeiro governo republicano?

O poder das oligarquias

Durante a Primeira República, o poder político era controlado por um grupo político dominante, quer dizer, por uma **oligarquia**.

> **Oligarquia:** grupo político que domina uma localidade, uma região ou um estado. É formado por pessoas de um setor da sociedade, de um partido ou mesmo de uma família.

Nessa época, as principais oligarquias eram formadas pelos grandes proprietários de terras, especialmente os fazendeiros de café de São Paulo e Minas Gerais. Os presidentes do Brasil nesse período pertenciam ou estavam ligados a esses grupos.

Por meio de acordos, os políticos paulistas e mineiros conseguiam indicar o candidato e fazer com que fosse eleito alternadamente o presidente. Essa manobra, conhecida como **política do café com leite**, desagradava às oligarquias dos demais estados.

Os coronéis e as práticas eleitorais

No início do século XX, a maior parte da população brasileira vivia no campo, mas poucos eram donos de terras. A influência dos grandes fazendeiros, chamados de **coronéis**, era muito forte no âmbito político.

Os coronéis ofereciam favores à população pobre em troca de votos para os candidatos que apoiavam. Esses favores variavam desde alimentos e calçados até empregos.

Era com essa "ajuda" dos coronéis que os políticos indicados garantiam a vitória nas urnas. Muitas vezes, os coronéis ameaçavam os eleitores e chegavam a usar de violência para eleger seus candidatos. Contratavam **jagunços** para punir quem não seguisse suas orientações. Essa prática ficou conhecida como **voto de cabresto**.

> **Jagunço:** homem armado que formava uma espécie de exército particular.

Cartaz de propaganda política do Partido Democrático nas eleições de 1927, de autoria anônima.

3 Observe o cartaz acima e responda: O que o cartaz representa? Ele é a favor ou contra a prática representada?

Registros

Revistas humorísticas

Ao longo da Primeira República, várias publicações humorísticas circulavam entre a elite letrada no Brasil. Geralmente em formato de revista, o material veiculava textos, charges e ilustrações que criticavam a situação política do país de forma bem-humorada, ácida e até mesmo solene, de acordo com a posição política sustentada por seus autores.

A seguir, conheça alguns conteúdos de duas revistas e depois responda às questões.

PROCLAMAÇÃO DA REPUBLICA NO BRAZIL

GLORIA Á PATRIA! HONRA AOS HEROES DO DIA 15 DE NOVEMBRO DE 1889.
HOMENAGEM DA "REVISTA ILLUSTRADA"

À direita, charge publicada em 1889 pela *Revista Illustrada*, que surgiu ainda no Império, em 1876, e circulou até 1898.

AS PROXIMAS ELEIÇÕES... "DE CABRESTO"

Charges de Alfredo Storni publicadas pela revista *Careta* em 1925 (à esquerda) e 1927 (acima). A *Careta* circulou entre 1908 e 1960.

1 Em quais revistas as charges foram publicadas? E em quais datas?

2 As publicações parecem favoráveis ou contrárias ao governo da época? Explique.

3 Atualmente, de que modo a população costuma divulgar suas opiniões sobre o governo? Quais os meios de comunicação utilizados? Você emite sua opinião sobre assuntos políticos? Conte aos colegas.

Movimentos sociais na Primeira República

Na Primeira República, tanto no campo como na cidade ocorreram revoltas, conflitos armados e movimentos populares. Todos eles contestavam o poder oligárquico e faziam reivindicações ao governo federal.

No campo

A maior parte da população do campo vivia em condições de grande pobreza, submetida ao poder dos grandes proprietários de terra. Mesmo depois de estabelecido o governo republicano, pouco foi feito para mudar essa situação.

Canudos

No final do século XIX, a população do sertão nordestino vivia em situação de miséria e abandono. O povo ficava submetido ao domínio dos coronéis. Nesse contexto se organizou o arraial de Canudos.

O pregador religioso Antônio Vicente Mendes Maciel, conhecido como **Antônio Conselheiro**, atraiu grande número de pessoas, que passaram a segui-lo. Em 1893, ele e seus seguidores se estabeleceram em um lugar chamado Canudos, no sertão da Bahia. Ali passaram a viver, atraindo cada vez mais homens e mulheres, muitos deles ex-escravizados. O arraial cresceu e chegou a reunir cerca de 25 mil pessoas.

Canudos era um arraial independente, onde as pessoas trabalhavam e viviam livres, sem depender de nenhum coronel. Por isso, as autoridades e os fazendeiros queriam destruí-lo. Eles temiam que mais trabalhadores rurais abandonassem as fazendas e que se formassem outros povoados como Canudos.

Além disso, as pregações do Conselheiro incomodavam a Igreja católica e também o governo federal, que o acusava de ser contra a república.

Em 1896 e 1897, tropas dos governos estadual e federal fizeram vários ataques contra o arraial. Os seguidores do Conselheiro se defenderam vigorosamente, mas Canudos foi completamente destruído. Quase todos seus habitantes foram mortos.

Habitação de Canudos. Fotografia de Flávio de Barros, 1897.

O cangaço

Outro movimento popular que ocorreu em vários estados do Nordeste durante a Primeira República foi o cangaço e envolveu pessoas das camadas mais pobres da população. Grupos de homens e mulheres armados percorriam o sertão, realizando assaltos em fazendas, povoados e cidades e causando grande medo à população.

O cangaceiro mais famoso foi Virgulino Ferreira da Silva, o Lampião. Ele liderou um bando que chegou a ter trezentos membros e atuou nos estados de Sergipe, Alagoas, Bahia, Pernambuco, Rio Grande do Norte, Paraíba e Ceará, entre 1920 e 1938.

Pintura *As duas mulheres do cangaceiro*, de Ignácio da Nega, feita em 2007. Para facilitar a locomoção, os cangaceiros carregavam os equipamentos na cintura.

1 Quais são as semelhanças entre o movimento de Canudos e o cangaço?

_____
_____
_____

2 O escritor Euclides da Cunha era repórter do jornal *O Estado de S. Paulo* quando acompanhou as três semanas finais de Canudos. As anotações feitas por ele, enquanto acompanhava os combates entre jagunços e sertanejos, deu origem ao livro *Os sertões: campanha de Canudos*. Leia a frase retirada dessa obra e depois responda à questão.

> O sertanejo é, antes de tudo, um forte. [...] A sua aparência, entretanto, ao primeiro lance de vista, revela o contrário.

Euclides da Cunha. *Os Sertões:* campanha de Canudos. São Paulo: Ateliê Editorial, 2004. p. 207.

■ Em sua opinião, o que o autor quis dizer com essa frase? Você concorda com ela? Conte aos colegas.

■ Na cidade

No início do século XX, movimentos populares e militares agitaram o cenário urbano, especialmente no Rio de Janeiro, a capital do país.

Revolta da Vacina

A cidade do Rio de Janeiro passou por grandes reformas no início do século XX. Foram demolidos antigos casarões do centro, onde moravam milhares de famílias pobres. Obrigadas a se mudar, elas foram viver nos morros.

O governo dizia que era necessário modernizar a cidade e também acabar com focos de várias doenças, como a febre amarela e a varíola. Para combater os mosquitos que transmitem a febre amarela, os funcionários invadiam as casas, acompanhados de policiais que tratavam a população com violência.

Em 1904, quando uma lei tornou obrigatória a vacina contra a varíola, muitas pessoas se revoltaram. Desconfiavam dos efeitos da vacina e estavam traumatizadas pela violência com que eram tratadas. A revolta durou alguns dias e resultou em mortos e feridos.

Bonde tombado por manifestantes da Revolta da Vacina no município do Rio de Janeiro. Foto de 1904.

Revolta da Chibata

No início do período republicano, castigos físicos (açoite e palmatória) e prisão ainda eram formas de disciplina na Marinha brasileira. Essa conduta era contestada pelos marinheiros, mas nada mudava.

Em 1910, um marinheiro foi punido com 250 chibatadas na frente dos companheiros do navio. Estes se rebelaram e, sob a liderança do marinheiro João Cândido, a revolta se espalhou para outros navios. Os marinheiros exigiam o fim dos castigos e uma alimentação melhor. O governo prometeu atendê-los, mas, quando os marinheiros depuseram as armas, seus líderes foram presos.

Porém, esse movimento não foi em vão. Com o tempo, os castigos foram extintos, e as condições de trabalho foram melhoradas.

Ao centro, João Cândido, em foto de 1910, no município do Rio de Janeiro.

Tenentismo e os 18 do Forte

No Exército, jovens oficiais, principalmente tenentes, discordavam das práticas oligárquicas e acreditavam que somente o voto secreto moralizaria a vida política do país. Dessa forma, em 1922, opondo-se aos oficiais de alta patente, os tenentes do Forte de Copacabana se rebelaram.

Contavam com a adesão de militares de outras unidades, mas isso não ocorreu. Ao se verem cercados por tropas do governo federal, a maioria dos rebeldes desistiu da causa. Restaram 17 tenentes, que decidiram marchar pela avenida Atlântica, em Copacabana, e enfrentar os soldados. Um civil, que tinha aderido ao movimento, acompanhou-os na marcha. Das 18 pessoas, 16 morreram no confronto.

O levante do Forte de Copacabana foi a primeira de uma série de revoltas militares que se seguiram até meados da década de 1930. Esse conjunto de movimentos ficou conhecido como **Tenentismo**.

⊕ SAIBA MAIS

Do Tenentismo originou-se a Coluna Prestes, que chegou a ter 1 500 soldados liderados por Luís Carlos Prestes. A Coluna percorreu o território nacional, criticando o governo e divulgando as propostas tenentistas, como voto secreto e obrigatoriedade do ensino primário e profissional.

A Coluna percorreu a pé cerca de 25 mil quilômetros e durou até 1927.

Fonte de pesquisa: Jésus Barbosa de Souza. *A Coluna Prestes*. São Paulo: Ática, 1997. p. 20.

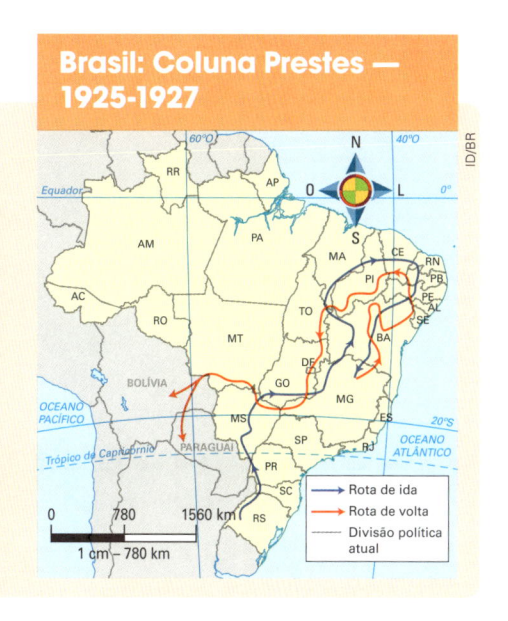

Brasil: Coluna Prestes — 1925-1927

3 As colunas a seguir são compostas de frases que se completam. Referem-se às revoltas da Vacina e da Chibata e ao Tenentismo. Ligue-as.

Rebelião de marinheiros, que ameaçaram bombardear a cidade do Rio de Janeiro...	ações autoritárias do governo, que expulsou os moradores do centro e impunha à força medidas de saúde.
Manifestação violenta de parte da população do Rio de Janeiro, como reação às...	a política oligárquica do governo, que possibilitava o voto de cabresto e as fraudes eleitorais.
Manifestação de jovens oficiais contra...	se fossem mantidos os castigos físicos como punição.

Agora já sei!

1 De acordo com a Constituição de 1891, o presidente da República era eleito pelo voto direto. Isso significou maior participação das camadas populares no poder? Explique.

_____
_____

2 Observe a tabela e responda às questões.

Brasil: Principais produtos exportados*

Produtos	1906	1907
Café	27 615 884	28 557 063
Borracha	14 055 911	13 594 018
Couros e peles	2 476 006	2 363 531
Cacau	1 386 441	2 012 796
Algodão	1 722 033	1 734 507
Mate	1 856 574	1 609 914
Tabaco	931 853	1 284 030
Total das exportações agrárias	**50 044 702**	**51 155 859**
Outros produtos	3 014 778	2 670 654
Total geral	**53 059 480**	**53 826 513**

Fonte de pesquisa: Ana Maria Moraes e Maria Efigênia L. de Resende. *Atlas histórico do Brasil*. Belo Horizonte: Vigília, 1987.

*Valores em libras esterlinas.

a. O que a tabela apresenta?

_____
_____
_____

b. Os principais produtos exportados são:

☐ agrários.

☐ industriais.

c. Com base na resposta anterior, qual setor da sociedade você diria que tinha mais poder no início do século XX?

_____
_____
_____

d. É possível relacionar essas informações com o sistema político que vigorou durante a Primeira República? Forme dupla com um colega para escrever um parágrafo sobre isso.

_____
_____
_____

3 Os versos da música abaixo referem-se a um movimento social ocorrido durante a Primeira República e a um de seus líderes. Identifique o movimento e a pessoa mencionados.

> Há muito tempo nas águas da Guanabara
> O dragão do mar reapareceu
> Na figura de um bravo feiticeiro
> A quem a história não esqueceu.
> Conhecido como navegante negro
> Tinha a dignidade de um mestre-sala. [...]
> Salve o navegante negro
> Que tem por monumento
> As pedras pisadas do cais

Mestre-sala: dançarino de escola de samba que acompanha a porta-bandeira.

Aldir Blanc e João Bosco. O mestre-sala dos mares. Intérprete: João Bosco. Em: *Caça à raposa*. Rio de Janeiro: Universal Music, 1975. 1 CD. Faixa 1.

4 Pinte os quadrinhos de cada frase de acordo com a legenda.

■ Verdadeiro   ■ Falso

☐ A Constituição de 1891 estabeleceu eleições diretas, com direito de voto a todos os cidadãos brasileiros.

☐ A forma de governo republicano garantiu o exercício da cidadania a toda a sociedade.

☐ Os militares que participaram do Tenentismo defendiam o voto secreto.

5 A notícia a seguir fala sobre uma prática eleitoral da Primeira República que ocorre atualmente.

> A pesquisa encomendada pelo Tribunal Superior Eleitoral (TSE) sobre as Eleições 2014 mostra que a compra e venda de votos ainda é uma realidade no Brasil, uma vez que pelo menos 28% dos entrevistados revelou ter conhecimento ou testemunhado essa prática ilegal.

Pesquisa revela que compra de votos ainda é realidade no país. *Imprensa* – Tribunal Superior (TSE), 2 fev. 2015. Disponível em: <http://linkte.me/j7ath>. Acesso em: 24 mar. 2016.

■ Você acha certo vender o voto? Em sua opinião, por que isso é prejudicial para o exercício da cidadania? Converse com os colegas.

CAPÍTULO 2 — O governo Vargas

Você já sabe que toda criança tem direito à educação. Estudar deve fazer parte de seu cotidiano. Mas será que sempre foi assim? Leia o texto.

> Art. 150 – [...]
> [...]
> Parágrafo único – O plano nacional de educação [...] obedecerá às seguintes normas:
> a) ensino primário integral gratuito e de frequência obrigatória [...];
> b) tendência à gratuidade do ensino educativo [...], a fim de o tornar mais acessível;
> [...]

Constituição da República dos Estados Unidos do Brasil, 1934. Disponível em: <http://linkte.me/dy9ky>. Acesso em: 24 mar. 2016.

Esse artigo faz parte da Constituição brasileira de 1934. Só a partir dessa data, ou seja, há menos de 100 anos, o Estado assumiu a obrigação de garantir o ensino primário (correspondente aos anos iniciais do Ensino Fundamental de hoje) gratuito e obrigatório. Agora, leia este texto.

> Art. 208 – O dever do Estado com a educação será efetivado mediante a garantia de:
> I – educação básica obrigatória e gratuita dos 4 (quatro) aos 17 (dezessete) anos de idade, assegurada inclusive sua oferta gratuita para todos os que a ela não tiveram acesso na idade própria; [...].

Constituição da República Federativa do Brasil, 1988. Disponível em: <http://linkte.me/fbl40>. Acesso em: 24 mar. 2016.

Esse artigo faz parte da atual Constituição brasileira, promulgada em 1988.

1 Há semelhanças entre o artigo 150 da Constituição de 1934 e o artigo 208 da Constituição de 1988? Quais?

2 Qual é a diferença entre a educação pública oferecida em 1934 e em 1988?

3 Converse com os colegas e o professor: Por que o direito à educação é importante?

O golpe de 1930

Os movimentos da década de 1920 demonstravam que parte da população estava insatisfeita com a república oligárquica. Em 1929, uma grande crise econômica internacional se refletiu no Brasil. Muitos países deixaram de comprar o café, o que causou a ruína de fazendeiros.

Pelo acordo da política do café com leite, nas eleições de 1930, deveria ser indicado um candidato mineiro, mas foi indicado um paulista. Os políticos mineiros, então, uniram-se aos gaúchos e a políticos de outros estados para indicar um candidato.

Venceu o candidato dos paulistas, Júlio Prestes, mas ele não assumiu o governo. O candidato derrotado, **Getúlio Vargas**, alegou fraude na contagem dos votos e, com o apoio de parte do Exército, assumiu o poder.

Tropas que apoiaram Getúlio Vargas são aplaudidas e saudadas pela população do Rio de Janeiro. Foto de 1930.

1 Observe a charge e responda às questões a seguir.

a. Quem são J.P. e G.V.?

_____

b. Quem ficou com a cadeira de presidente ao final da disputa?

_____

c. O candidato que perdeu as eleições de 1930 acabou assumindo o governo. Como isso aconteceu? Conte aos colegas.

Charge de autoria desconhecida, publicada pela revista *Careta* em 1930.

EM QUE FICAMOS?

J. P. — Esta cadeira é minha...
G. V. — Esta cadeira é minha.

▬ O governo provisório

Após o golpe, um governo provisório foi criado. Vargas fechou o Congresso Nacional, anulou a Constituição de 1891, demitiu governadores e nomeou pessoas de sua confiança, os interventores, para os estados.

Em 1932, setores da sociedade paulista, descontentes com a política de Vargas, deram início à **Revolução Constitucionalista**. Os paulistas exigiam uma nova Constituição, a realização de eleições e o fim do governo provisório. Os revolucionários não conseguiram apoio nacional e acabaram se rendendo. No ano seguinte, Vargas convocou eleições para uma Assembleia Constituinte.

▬ A Constituição de 1934

Em 1934 foi promulgada a terceira Constituição brasileira. A nova Constituição trazia leis trabalhistas, dentre as quais se destacam a jornada de trabalho de oito horas diárias, o descanso semanal, as férias anuais remuneradas, a proibição do trabalho aos menores de 14 anos e a criação da **previdência pública**.

Como você já viu, a Carta Magna determinava também que o ensino primário fosse obrigatório e gratuito. Além disso, estabeleceu a eleição imediata de um novo presidente, vencida por Vargas, e determinou também que, quatro anos depois, ocorreriam novas eleições presidenciais.

Previdência pública: é um órgão do governo que arrecada parte do salário do trabalhador todo mês. Quando este deixa de trabalhar, por motivo de saúde ou por aposentadoria, tem garantido o direito de receber determinado salário mensal.

⊕ SAIBA MAIS

Depois de muitas lutas, as mulheres brasileiras conquistaram direitos políticos. Em 1932, por meio de um decreto, o governo provisório instituiu o Código Eleitoral Brasileiro, no qual ficava estabelecido o direito ao voto para homens e mulheres. Em 1934, esse direito foi incorporado à nova Constituição.

Carlota Pereira de Queiroz, médica que atuou nas lutas pela conquista de direitos políticos das mulheres, foi a primeira deputada federal do Brasil, eleita em 1934. Foto de 1934.

2 Converse com os colegas e o professor sobre a seguinte questão: O que o voto feminino, o voto secreto e a criação do Código Eleitorial Brasileiro representaram para a sociedade brasileira?

O Estado Novo

O crescimento dos grupos de oposição e o receio de não vencer as eleições convocadas para 1938 levaram Getúlio a reprimir a oposição. Ele acabou com a liberdade de imprensa, dissolveu os partidos políticos, fechou o Congresso e impôs uma nova Constituição que lhe dava amplos poderes.

Era o início do **Estado Novo**, que perdurou de 1937 até 1945.

O governo ditatorial de Vargas

A partir de 1937, Vargas intensificou o controle sobre os meios de comunicação, a política e os movimentos sociais. As pessoas que discordavam de suas medidas eram presas e muitas foram torturadas.

Na economia, Vargas deu incentivos aos empresários, reduzindo impostos e facilitando a obtenção de empréstimos. Além disso, o próprio governo criou indústrias em setores que exigiam altos investimentos.

Os trabalhadores urbanos também obtiveram conquistas, como a determinação do valor do salário mínimo, em 1940, e a aprovação da **CLT**, em 1943. O objetivo de Vargas era obter o apoio dos trabalhadores e impedir manifestações contrárias a seu governo. Além disso, controlava os **sindicatos**.

> **CLT:** Consolidação das Leis do Trabalho. Conjunto de leis que regulam as relações trabalhistas. A CLT passou por várias alterações ao longo do tempo, mas seu conjunto básico continua em vigor.
> **Sindicato:** associação que representa os interesses de um grupo de trabalhadores ou patrões, de uma categoria profissional ou instituição.

1 Observe o documento ao lado e responda às questões.

   a. Qual é a relação entre o documento ao lado e o governo de Vargas?

   b. Pergunte aos adultos que moram com você: Por que esse documento é importante para os trabalhadores?

A carteira de trabalho que conhecemos hoje teve origem em 1932.

2 Apesar das medidas tomadas por Vargas em relação aos trabalhadores e aos empresários, ele era tido como um governante autoritário. Por quê? Conte aos colegas.

■ O populismo

O estilo de governar de Getúlio Vargas, que procurava se aproximar das camadas populares e conseguir seu apoio, sem, contudo, esquecer de garantir os interesses da elite, foi denominado **populismo**.

Seus opositores o acusavam de tratar os direitos reconhecidos aos trabalhadores como um ato de bondade dele, sem considerar que os próprios trabalhadores lutavam desde o início do século XX para conquistar esses direitos.

🔍 Registros

Propaganda

Para conquistar o apoio da população, Vargas utilizou-se da propaganda. Ele foi o primeiro presidente da América do Sul a promover o governo por meio de uma agência especial de propaganda. Leia o trecho a seguir.

> Os meios de comunicação foram submetidos a forte censura, exercida pelo Departamento de Imprensa e Propaganda – DIP –, criado em 1939. Estavam entre as atribuições do DIP difundir a ideologia estado-novista, glorificar a figura de Vargas e divulgar as realizações governamentais.

Ideologia: conjunto de ideias que expressa os interesses de um grupo.

Revista *Nossa História*, São Paulo, Vera Cruz, ano 2, n. 23, p. 39, set. 2005.

A imprensa escrita, os programas de rádio, o cinema e os cartazes valorizavam a imagem do presidente e do país. Todos esses meios são fontes históricas das quais podemos obter informações.

■ Observe a imagem ao lado.

a. Que impressão as crianças e Getúlio Vargas passam?

_____

_____

b. Em sua opinião, qual era o objetivo do DIP ao criar essa imagem?

_____

_____

Reprodução de página da cartilha *Getúlio Vargas para crianças*, feita pelo DIP para promover a imagem de Vargas e do governo, 1942.

■ O rádio

Houve época em que a família se reunia para ouvir rádio. No início, poucas pessoas tinham o aparelho, e não havia muitas emissoras. Eram transmitidos programas com música clássica, leitura de peças de teatro, noticiários.

Com o tempo, o rádio foi se popularizando, e os programas se tornaram muito variados. Um grande número de ouvintes acompanhava notícias, novelas, músicas. Pelo rádio, também entrava nos lares a propaganda das principais novidades da indústria, como produtos de beleza, de limpeza e medicamentos. O rádio aproximava as pessoas dos acontecimentos e proporcionava horas de diversão.

No Brasil, o rádio se popularizou no começo dos anos 1930. Nos anos 1940 e 1950, era o principal meio de comunicação do país. Foi nessa época que despontaram artistas muito populares, como Carmen Miranda e vários outros.

Família ouvindo pronunciamento de Getúlio Vargas no rádio. Foto de 1942.

■ O fim do Estado Novo

A partir de 1942, a população começou a pressionar o governo pelo fim do Estado Novo. A sociedade exigia liberdade de pensamento e expressão, eleições e um governo democrático.

Pressionado, Getúlio foi deposto em 29 de outubro de 1945, quando militares cercaram o palácio do Catete, no Rio de Janeiro.

3 Em 1938, o programa de rádio *Hora do Brasil*, criado no governo de Getúlio Vargas, passou a ser transmitido obrigatoriamente em rede nacional.

  a. Qual seria o objetivo de Getúlio ao criar o programa?

  _____

  _____

  b. Qual é o nome desse programa hoje? Em que horário é transmitido?

  _____

  _____

Agora já sei!

1 Observe a foto e responda às questões.

Getúlio Vargas e as pessoas que o apoiaram logo após a tomada do poder, em 1930.

a. Que tipo de vestimenta Getúlio Vargas e seus correligionários estão utilizando? O que isso indica?

_____
_____
_____

b. O que mudou no cenário político brasileiro após o evento registrado na foto?

_____
_____
_____

c. Com o fim do acordo, ampliou-se a participação popular nas tomadas de decisão do governo? Por quê?

_____
_____

2 No governo Vargas, a propaganda foi bastante utilizada para valorizar a imagem do presidente. Hoje ela ainda é utilizada pelo governo, para fins variados. Observe os cartazes abaixo para responder às questões.

A

1930 1940
Ao celebrar-se o decênio do govêrno do
PRESIDENTE GETULIO VARGAS,
cada um de nós tem a conciência de ter crescido mais:
como Povo, como Cidadão, como Brasileiro.

Cartaz comemorativo dos dez anos do governo de Getúlio Vargas, de 1940.

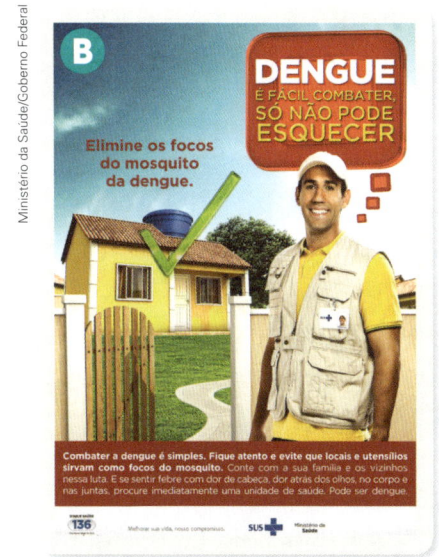

B

DENGUE É FÁCIL COMBATER, SÓ NÃO PODE ESQUECER
Elimine os focos do mosquito da dengue.

Cartaz de 2012 feito pelo Ministério da Saúde para a campanha contra a dengue.

a. Circule o cartaz que foi produzido pelo governo.

b. Em sua opinião, qual é a importância da mensagem de cada cartaz?

_____

_____

_____

3 O texto a seguir trata da conquista do voto feminino no Brasil.

> A instituição do voto feminino se deu a partir de uma reforma no Código Eleitoral, com a assinatura do Decreto-lei 21 076, de 24 de fevereiro de 1932, pelo então Presidente Getúlio Vargas. Mas somente as mulheres casadas, viúvas e solteiras que tivessem renda própria podiam votar.

82 anos da conquista do voto feminino no Brasil. Tribunal Regional Eleitoral do Espírito Santo, 24 fev. 2014. Disponível em: <http://linkte.me/zl79v>. Acesso em: 20 abr. 2016.

a. Em 1932, todas as mulheres brasileiras poderiam votar? Explique.

_____

_____

b. Conte aos colegas e ao professor sua opinião sobre esta questão: Qual é a importância da conquista do voto feminino?

Saber Ser

CAPÍTULO 3 — Redemocratização e populismo

Você estudou até aqui que, desde os anos iniciais da república, a participação política e a liberdade de expressão nem sempre puderam ser exercidas pelos brasileiros. Agora você vai estudar um período em que o Brasil teve governos democráticos. Você se lembra o que é democracia?

> Essa coisa de democracia apareceu pela primeira vez lá na Grécia e, para se ter uma ideia, muito tempo antes de Cristo nascer.
>
> Em Atenas, importante cidade grega, as pessoas se reuniam na praça, no meio da cidade, para conversar e decidir sobre aquilo que elas achavam que era certo ou não fazer e assim escreviam suas leis. [...]
>
> [...]
> Em Atenas, todos os homens livres votavam pessoalmente, sendo, assim, uma democracia direta.
>
> Nos dias de hoje, com tanta gente morando nas cidades e no país e ainda em locais muito distantes uns dos outros, não dá para fazer igual à Grécia antiga, por isso surgiu a democracia indireta ou representativa. Neste tipo de democracia, as pessoas escolhem quem irá representá-las para fazer as leis e cuidar dos locais que todo mundo usa na comunidade. Lembre-se: todo mundo pode e deve participar!

O leitor biométrico reconhece o eleitor por meio da impressão digital. Ele repassa a identificação à urna eletrônica e permite ao eleitor votar. Foto de 2014.

Leãozinho. O que é a democracia? *EBC*, 11 maio 2015. Disponível em: <http://linkte.me/gx039>. Acesso em: 24 mar. 2016.

1 A democracia no Brasil atual é igual à da Grécia Antiga? Sublinhe no texto o trecho que confirma sua resposta.

_____

2 Por que a foto pode ser relacionada à democracia?

_____

3 Quando termina uma eleição, o que os cidadãos devem fazer para garantir a continuidade da democracia? Converse com os colegas.

A redemocratização e o governo Dutra

Getúlio Vargas foi deposto em 29 de outubro de 1945. Em dezembro do mesmo ano foram realizadas eleições diretas para deputados, senadores e presidente.

O marechal Eurico Gaspar Dutra foi eleito presidente, iniciando-se assim uma nova fase da república brasileira, marcada pela redemocratização e por práticas políticas populistas. Esse período se estendeu até 1964.

Seguindo o exemplo de Getúlio Vargas, os presidentes dessa fase procuravam aproximar-se do povo e obter seu apoio. Esses governantes exaltavam seus feitos e usavam a propaganda para promover sua imagem.

Presidente Dutra (à esquerda) em inauguração de posto de saúde, no município de São Paulo. Foto de 1950.

■ A Constituição de 1946

Em 1946 foi promulgada a quinta Constituição brasileira, que restabeleceu a democracia, com eleições livres e diretas, e assegurou o voto secreto. Mas continuaram excluídos do direito de voto menores de 18 anos, analfabetos e soldados. Mesmo nesse período, mais democrático que os períodos anteriores, a maior parte da população não podia votar.

Dentre os princípios que vigoraram nessa Constituição, destacam-se a igualdade de todos perante a lei, a separação dos poderes (Legislativo, Executivo e Judiciário), a liberdade de expressão do pensamento, a liberdade de crença religiosa e a inviolabilidade do domicílio.

1 Você sabe o que significa **redemocratização**? Conte aos colegas.

2 A Constituição de 1946 restabeleceu a democracia. Vá até a página 147, recorte e cole no caderno o quadro de palavras. Depois, encontre as palavras que substituem corretamente os símbolos das frases abaixo. Escreva as frases completas no caderno.

   a. No Estado Novo, os direitos políticos dos cidadãos estavam ■.

   b. A Constituição de 1946 garantiu eleições ▲, voto ● e direito ao voto a partir dos 18 anos, exceto para ▼ e ⬢.

A política de Dutra e o contexto mundial

No início de seu governo, o marechal Dutra conduziu a redemocratização do país de acordo com a nova Constituição.

Nessa época, os Estados Unidos e a **União Soviética** disputavam a liderança política, econômica e militar do mundo. As hostilidades entre esses países eram constantes, mas nunca houve confronto direto. Nessa disputa, alguns países aliaram-se aos Estados Unidos e outros aliaram-se à União Soviética. O Brasil era aliado dos Estados Unidos. O presidente Dutra adotou uma política favorável às importações. Passaram a ser comprados muitos produtos estrangeiros, principalmente norte-americanos, incluindo alguns que não eram essenciais.

> **União Soviética:** União das Repúblicas Socialistas Soviéticas (URSS), país cuja economia era totalmente planejada e controlada pelo Estado. A URSS foi extinta em 1991, dando origem a 15 repúblicas independentes, das quais a maior é a Rússia.

Com o tempo, as importações foram esvaziando os cofres públicos. O presidente decidiu então incentivar a industrialização e facilitou a compra de máquinas e combustível.

Durante o governo de Dutra, os salários foram congelados, enquanto os preços dos alimentos e de outros produtos tiveram grandes aumentos. Por esse motivo, os trabalhadores realizaram várias manifestações de protesto e greves.

3 Os acontecimentos mundiais interferiam na economia do país e na tomada de decisão do governo? E hoje, interferem? Converse com os colegas e o professor.

4 Observe a fotografia ao lado e responda às questões.

a. De quando é essa fotografia?

b. Quem são as pessoas da fotografia? Levante uma hipótese sobre quem seriam as crianças retratadas.

Foto de 1949 mostrando trabalhadores ferroviários de Minas Gerais em greve.

▪ A televisão brasileira

Hoje a televisão faz parte do dia a dia da maioria dos brasileiros. Mas cerca de sessenta anos atrás era muito diferente.

A primeira transmissão foi feita no dia 18 de setembro de 1950, mas poucas pessoas viram. Havia apenas duzentos aparelhos de televisão na cidade de São Paulo. E, desses, apenas cinco eram particulares. Os demais foram instalados em locais públicos para que as pessoas pudessem assistir aos programas.

Em 1950, no final do governo Dutra, foi inaugurada a primeira emissora de televisão do Brasil. Era a TV Tupi, de São Paulo.

Nessa época, todos os programas eram transmitidos ao vivo, até mesmo as propagandas. A televisão era um produto muito caro e apenas os ricos podiam comprá-la.

🔍 Registros

CONTEÚDO NA VERSÃO DIGITAL

Suportes sonoros e visuais

Nos estudos de História, você viu diferentes tipos de registros. Fontes que podem ser investigadas: documentos oficiais ou não, escritos ou não, imagens, construções, registros em papel, placas de argila, paredes de cavernas ou de construções, pergaminho, papiro.

E os sons? E cenas com movimento?

Na Grécia Antiga, existiam instrumentos musicais, e as pessoas tocavam e dançavam. Essas cenas estão registradas em vasos. Mas pouco se sabe sobre os sons desses instrumentos ou sobre os ritmos musicais, pois não existiam meios para fazer esses registros.

▪ Na página 147 há alguns objetos. Recorte e cole apenas aqueles que podem ser considerados suportes para registros sonoros e visuais. Depois escreva o nome deles.

O retorno de Vargas

Nas eleições de 1950, para a sucessão de Dutra, Getúlio Vargas foi um dos candidatos. Ele venceu e tornou-se novamente presidente, dessa vez por meio do voto direto.

Nesse novo mandato, Getúlio procurou afastar-se da imagem de governante autoritário, adquirida durante o Estado Novo (1937-1945). Entretanto, manteve a prática populista, com políticas voltadas aos interesses dos trabalhadores, sem deixar de atender aos empresários. Pela imagem que criou, sobretudo entre os trabalhadores, foi chamado de "pai dos pobres".

Comício da campanha eleitoral de Getúlio Vargas no município de São Paulo. Foto de 1950.

1 Leia o texto e responda às questões.

> Quando, em 1950, Vargas foi eleito presidente da República, forças antigetulistas que contavam com uma vitória certa acusaram o povo de não saber votar. Mas o povo sabia exatamente o que fazia e, por isso, cantou a volta de "Gegê" em várias marchinhas do Carnaval de 1951. [...] Vargas utilizou-se da popularidade que havia conquistado durante seu primeiro governo, ligando seu nome ao avanço da industrialização e da legislação trabalhista no Brasil. [...]

E ele voltou... o Brasil no segundo governo Vargas. FGV-CPDOC.
Disponível em: <http://linkte.me/m5v83>. Acesso em: 24 mar. 2016.

a. Como Vargas chegou à presidência em 1950? E em seu governo anterior?

b. Como os antigetulistas explicavam a vitória de Getúlio Vargas?

c. Você concorda com os antigetulistas? Por quê? Converse com os colegas.

Políticas nacionalistas

Em sua campanha eleitoral, Vargas havia feito alianças políticas com setores da sociedade que tinham diferentes interesses. Aliou-se aos **nacionalistas**, que defendiam um projeto de desenvolvimento econômico com a participação do governo. Ao mesmo tempo, aliou-se a alguns setores do empresariado e militares favoráveis à entrada de investimentos estrangeiros na economia.

Nacionalismo: conjunto de ideias que valorizam o amor à pátria e os interesses nacionais, defendendo em primeiro lugar o desenvolvimento do próprio país.

Apesar disso, em seu primeiro discurso no governo, o presidente evidenciou o propósito de intensificar a política nacionalista. Ele anunciou que pretendia defender os interesses nacionais diante dos interesses estrangeiros.

Dentre as medidas econômicas adotadas por Vargas, destaca-se a criação, em 1953, da Petrobras, para fazer a extração e o refino de petróleo. Em 1954, ele propôs também a criação da Eletrobras, para a geração e distribuição de energia elétrica, mas a empresa só foi criada em 1962.

Essas empresas foram essenciais para o processo de industrialização e o crescimento econômico do Brasil.

Montagem de torre da refinaria de petróleo de Cubatão, SP. Foto de 1952.

2 Escreva um pequeno texto relacionando o nacionalismo e a criação da Petrobras. Depois, leia-o para os colegas.

O fim do governo Vargas

Durante a campanha presidencial, Vargas havia prometido aumentar o salário mínimo e estender os direitos garantidos pela lei aos trabalhadores do campo.

Mas, quando assumiu o governo, o país atravessava uma crise econômica, e o custo de vida havia aumentado. Foi um período com muitas greves. Os trabalhadores faziam paralisações para reivindicar aumento dos salários. Em 1953, uma greve chegou a paralisar trezentos mil trabalhadores em São Paulo.

Manifestação de estudantes contrários ao governo Vargas, no município do Rio de Janeiro. Foto de 1954.

Em 1954, Vargas autorizou um aumento de 100% no salário mínimo.

A política do presidente com relação aos trabalhadores e também sua política nacionalista desagradavam a muitos políticos, empresários e militares. Em uma intensa campanha pela imprensa, os opositores de Getúlio pediam sua renúncia.

A situação do presidente tornou-se insustentável e, no dia 24 de agosto de 1954, Getúlio Vargas suicidou-se.

Primeira página do jornal *Folha da Noite*, com a notícia do suicídio de Getúlio Vargas.

3 O nome de Vargas está ligado a diversas leis. Recorte, na página 149, as leis que estão ligadas ao nome dele e cole-as nos espaços abaixo.

Registros

Carta-testamento de Getúlio Vargas

Antes do suicídio, Vargas escreveu uma carta despedindo-se da população. Leia trechos da carta, transcritos abaixo.

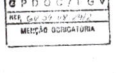

Reprodução da carta-testamento de Getúlio Vargas, escrita em 1954.

> [...] Voltei ao governo nos braços do povo. [...] Contra a justiça da revisão do salário mínimo se desencadearam os ódios. Quis criar a liberdade nacional na potencialização das nossas riquezas através da Petrobras, mal começa esta a funcionar, a onda de agitação se avoluma. A Eletrobras foi obstaculada até o desespero. Não querem que o trabalhador seja livre. Não querem que o povo seja independente.
>
> [...] Tenho lutado mês a mês, dia a dia, hora a hora, resistindo a uma pressão constante, incessante, tudo suportando em silêncio, tudo esquecendo, renunciando a mim mesmo, para defender o povo que agora se queda desamparado. Nada mais vos posso dar a não ser meu sangue. [...]

Getúlio Vargas, 1954. Disponível em: <http://linkte.me/l543e>. Acesso em: 24 mar. 2016

1 A que fato se refere a primeira frase do trecho selecionado?

2 Quais empresas estatais aparecem no texto? Elas ainda existem?

Agora já sei!

1 Leia a definição de democracia e, depois, faça o que se pede.

> Democracia é uma forma de governo que tem como característica básica a escolha dos governantes pelo povo.

Kalina Vanderlei Silva. *Dicionário de conceitos históricos*. São Paulo: Contexto, 2009. p. 89.

a. A definição apresenta a democracia do Brasil atual ou da Grécia Antiga? Explique.

_____

_____

b. Escreva o nome de alguns cargos cujos representantes são escolhidos em eleições.

_____

_____

2 Observe a charge e responda às questões.

HISTORIA DE UM GOVERNO

Charge publicada no jornal *Folha da Manhã*, em 22 de julho de 1937.

a. Quem está representado na caricatura?

_____

b. O que as datas da charge significam?

_____

_____

104

3 Você já ouviu falar em biocombustíveis? Leia o texto abaixo.

> Os biocombustíveis apresentam duas vantagens decisivas em relação ao petróleo. Em primeiro lugar, eles oferecem uma fonte de energia renovável, fornecida pelos vegetais. [...] Já o petróleo, o gás natural e o carvão [mineral], encontrados [...] abaixo da superfície terrestre ou do fundo do mar, são fontes de energia não renováveis. [...] A segunda vantagem dos biocombustíveis é que eles constituem uma fonte de energia que polui bem menos que o petróleo ou o carvão.

Igor Fuser. O fim da era do ouro negro. *Planeta Sustentável*, 2008.
Disponível em: <http://linkte.me/ox380>. Acesso em: 24 mar. 2016.

a. Procure o significado de **biocombustível** e responda: Você conhece algum biocombustível? Qual?

_____

_____

b. Na época de Getúlio Vargas, os prejuízos ao meio ambiente causados pelo petróleo não eram muito conhecidos. E hoje? Cite um desses prejuízos.

_____

_____

c. Em sua opinião, o petróleo ainda é importante para nossa sociedade? Por quê? Conte aos colegas e ao professor.

4 Leia o texto e faça o que se pede.

> Durante os anos de 1950, a riqueza e o desenvolvimento não vieram para todos de maneira igualitária. No campo, por exemplo, tudo continuou igual: a injusta concentração de terras permanecia e os trabalhadores camponeses continuaram sem usufruir direitos fundamentais, ou seja, **alijados** da cidadania plena.

Alijado: afastado.

Ricardo Maranhão e Maria Fernanda Antunes. *Anos 50*: indústria e greve. São Paulo: Ática, 2004. p. 40.

a. As terras estavam concentradas nas mãos de poucas pessoas. Qual foi a solução encontrada por grande parte dos trabalhadores rurais?

_____

b. O que seria necessário para que esses trabalhadores exercessem a plena cidadania?

Vamos fazer!

Cartaz

Você estudou que diferentes governos utilizaram a propaganda para valorizar a imagem do presidente e suas realizações. Entre os recursos utilizados, o cartaz era um dos que tinham grande alcance.

A principal função do cartaz é comunicar uma mensagem. Existem cartazes de diferentes tamanhos, com ilustrações ou fotografias ou sem imagens.

Empresas, órgãos de governo e organizações não governamentais utilizam cartazes. Há cartazes anunciando liquidações, espetáculos. Há cartazes de campanha de vacinação, de propaganda política e muitos outros. Observe algumas reproduções de cartazes.

Cartaz do movimento constitucionalista de 1932, protestando contra o governo de Getúlio Vargas.

Cartaz de 2013 da campanha de vacinação contra a poliomielite feito pela Secretaria de Saúde de Pernambuco.

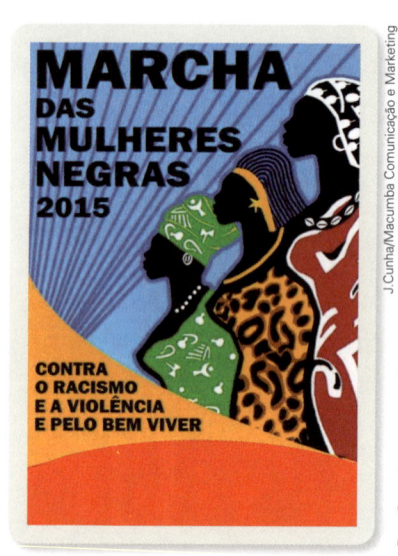

Cartaz de 2015 anunciando a Marcha das Mulheres Negras, no dia 13 de maio, data da abolição da escravidão.

Agora, mãos à obra! Você vai criar um cartaz que incentive práticas cidadãs a partir de ações, atitudes, comportamentos.

Do que você vai precisar

- 1 folha de cartolina
- tintas, lápis de cor, giz de cera ou canetas hidrográficas
- cola e tesoura com pontas arredondadas
- adesivos, brocal, purpurina (opcional)
- revistas e jornais velhos para recortar

Como fazer

1. Definição do tema

Escolha um tema, pensando em benefícios para a coletividade. Pode ser uma questão específica da comunidade escolar ou uma questão mais geral: meio ambiente, violência, consumismo, problemas sociais (trabalho infantil, falta de moradia, escolas, postos de saúde, hospitais), etc. Enfim, um tema atual ligado a sua realidade.

2. Planejamento

Verifique o que é preciso para fazer seu cartaz, como pesquisa de informações e imagens.
Depois, faça um esboço do cartaz, traçando a disposição de seus elementos.

3. Elaboração de texto

Em um rascunho, crie um título e um texto, com a mensagem que você quer transmitir.

4. Montagem

Faça o cartaz com base em seu esboço. Escreva na cartolina o título e o texto. Cole as imagens. Conclua o cartaz, decorando-o conforme planejou.

5. Dicas

O texto deve ser curto. As cores devem ser vivas e contrastantes. A distribuição dos elementos deve ser equilibrada e permitir uma leitura rápida.

Depois de pronto, que tal fazer uma exposição? Com a ajuda do professor, você e os colegas vão pendurar os cartazes em uma das paredes da sala de aula e convidar alunos de outras turmas para apreciar os trabalhos.

O que aprendi?

1 O texto a seguir, da historiadora Ana Paula Saraiva de Freitas, aborda a participação feminina em um movimento popular da Primeira República.

> Maria Bonita (Maria Gomes de Oliveira), famosa companheira de Lampião, foi a primeira figura feminina a ingressar no cangaço, em meados de 1930. A partir daí, mais de 30 mulheres participaram da vida nos bandos. A Bahia foi o estado que forneceu maior número de moças [...], seguida por Sergipe, Alagoas e Pernambuco.
> [...]
> [...] Suas fotografias mostram como as cangaceiras pretendiam ser lembradas [...]. Algumas se faziam retratar com jornais e revistas da época, sinalizando o desejo de serem identificadas como mulheres letradas. [...]

Ana Paula Saraiva de Freitas. As cangaceiras. *Revista de História da Biblioteca Nacional*, 1º jun. 2015. Disponível em: <http://linkte.me/x0vyw>. Acesso em: 24 mar. 2016.

a. Que movimento é abordado no texto? Onde ele ocorreu?

_____

b. As mulheres cangaceiras eram retratadas como bandidas? Justifique sua resposta utilizando um trecho do texto.

_____
_____

2 Observe as fotografias de objetos produzidos na época em que Getúlio Vargas governou o Brasil. Depois, faça uma lista com o nome de cada item e levante hipóteses sobre os locais onde eles poderiam ser usados.

A Detalhe da pintura *Getúlio Vargas*, de Carlos Oswald, década de 1930.

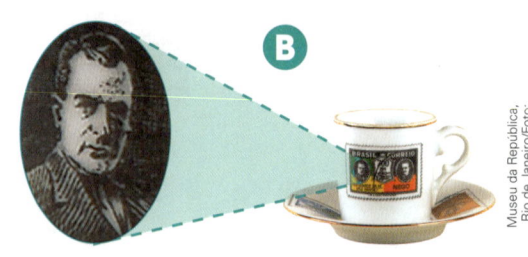

B Conjunto de xícara e pires com ilustração homenageando Getúlio Vargas, sem data.

_____
_____

■ Em sua opinião, por que em todos esses objetos aparece a imagem de Getúlio Vargas? Conte aos colegas.

108

3 Na tabela a seguir, coloque a quantidade de aparelhos e serviços de comunicação que você tem em casa. Em seguida, com ajuda do professor, complete a tabela com as informações dos colegas. Depois responda às questões.

Equipamentos	Tenho em casa (quantidade)	Todos os alunos da turma têm	Alguns alunos têm	Nenhum aluno tem
Aparelho de TV				
TV por assinatura				
Computador de mesa				
Notebook				
Tablet				
Telefone celular				
Acesso à internet				

a. Quais são os aparelhos mais comuns em todas as casas?

_____

b. Em sua opinião, quando os aparelhos devem ser substituídos?

_____

4 Nos dias atuais, muitos políticos tentam conquistar o voto dos eleitores por meio de propostas e promessas. Quando eleitos, nem sempre as cumprem. O que você pensa sobre isso? Em sua opinião, é possível fazer algo para que isso não ocorra? Converse com os colegas.

Saber Ser

@ <http://linkte.me/hvn01>
O Museu Histórico do Exército e Forte de Copacabana dedica-se a mostrar a participação do Exército na história política do Brasil. No *site* do museu, é possível visualizar os espaços dedicados tanto aos presidentes militares quanto às revoltas encabeçadas por oficiais do Exército, como o Tenentismo. Acesso em: 24 mar. 2016.

UNIDADE 4
O Brasil republicano II

Em diferentes momentos da história, a sociedade brasileira se uniu para fazer reivindicações, protestar e manifestar seu descontentamento. Houve épocas em que essas manifestações eram reprimidas. Mas hoje há liberdade para expressar ideias e opiniões.

- Você já viu alguma manifestação pública formada por uma multidão? Se sim, conte aos colegas como foi e qual era o motivo da manifestação.

- Observe a manifestação ilustrada ao lado. O que está escrito nas faixas? Você entende quais são as reivindicações dos manifestantes?

- Se você pudesse fazer uma reivindicação, qual seria? O que você escreveria em uma faixa? Crie uma frase e depois fale-a para os colegas.

- Você acha importante ter o direito de manifestar suas ideias em público? Por quê?

ENSINO DE QUALIDADE!

SAÚDE

MAIS MORADIAS!

MAIS TRANSPORTE!!

CORRUPÇÃO ZERO!

CULTURA PARA TODOS

NÃO AO RACISMO!

CAPÍTULO 1 — O Brasil democrático

Todos os anos, o Instituto Brasileiro de Geografia e Estatística (**IBGE**) realiza a Pesquisa Nacional por Amostra de Domicílios (Pnad) para investigar temas relacionados à população brasileira, como trabalho, moradia e educação.

Observe, no gráfico abaixo, alguns dados sobre os domicílios brasileiros obtidos pela Pnad em 2014.

IBGE: órgão do governo que faz o levantamento de informações numéricas sobre dados da população e da economia brasileira.

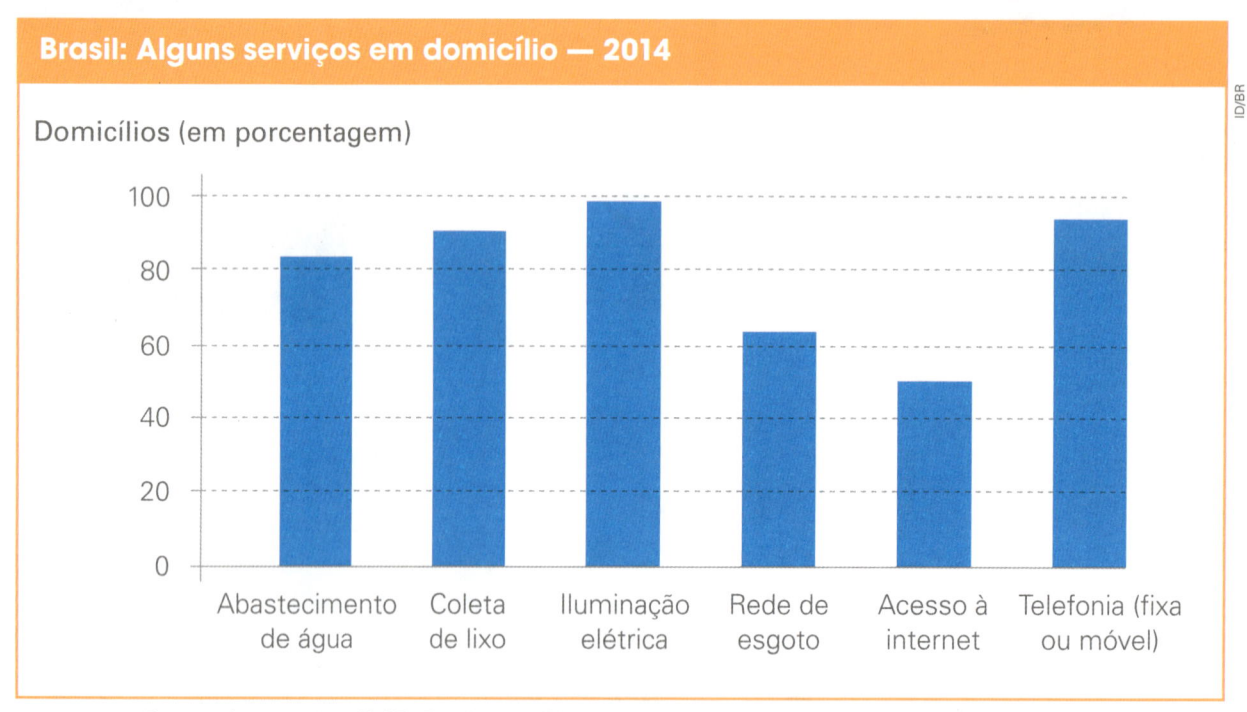

Brasil: Alguns serviços em domicílio — 2014

Domicílios (em porcentagem)

- Abastecimento de água: ~83
- Coleta de lixo: ~90
- Iluminação elétrica: ~99
- Rede de esgoto: ~63
- Acesso à internet: ~50
- Telefonia (fixa ou móvel): ~93

Fontes de pesquisa: IBGE. Pnad 2014. Disponível em: <http://linkte.me/x37xa>; <http://linkte.me/iv8d6>. Acessos em: 28 mar. 2016.

1 Observe o gráfico. Depois, de acordo com as instruções, circule:

   a. de preto a barra que representa o serviço que atendeu ao maior número de domicílios em 2014.

   b. de rosa a barra que representa o serviço que atendeu ao menor número de domicílios em 2014.

2 Por meio do gráfico é possível concluir se há desigualdade social no Brasil? Por quê? Converse com os colegas sobre o assunto.

3 Outros contrastes podem retratar a situação de desigualdade na sociedade brasileira. Dê um exemplo por meio de desenhos ou de um pequeno texto.

O período de 1955 a 1964

Depois de Getúlio, outros três presidentes que adotaram práticas políticas populistas se sucederam. Nesses governos, o Brasil passou por muitas mudanças, principalmente econômicas. E as características da população também mudaram. Hoje, a maior parte dos brasileiros vive nas cidades. Mas, até por volta de 1960, a maioria vivia no campo. O que provocou essa mudança?

■ Juscelino Kubitschek (1956-1960)

Em 1956, o presidente eleito foi Juscelino Kubitschek, que já tinha ocupado os cargos de prefeito de Belo Horizonte e governador de Minas Gerais.

Na campanha presidencial, seu lema foi "50 anos de progresso em 5 anos de governo". Ou seja, Juscelino pretendia promover o desenvolvimento do Brasil em um único mandato (cinco anos), incentivando a industrialização do país. Ele acreditava que a industrialização acabaria com a pobreza e as desigualdades sociais.

Para realizar seu projeto, buscou investimentos de empresas brasileiras e estrangeiras e os aplicou na construção de rodovias, ferrovias e portos, nas indústrias de base, na geração de energia e no refinamento de petróleo. Nessa época, a indústria que mais cresceu foi a de **bens de consumo duráveis**, como a automobilística e a de eletrodomésticos.

Bem de consumo durável: produto que tem durabilidade, isto é, não se gasta de imediato nem acaba com pouco tempo de uso.

Apesar do crescimento industrial e urbano no período, a maior parte da população continuou pobre. O custo de vida subiu mais que os salários, os gastos do governo foram superiores à arrecadação de impostos e a dívida do Brasil com outros países aumentou.

Fábrica em São Bernardo do Campo, SP, em 1960. Nesse ano, a indústria automobilística chegou a produzir 321 mil veículos.

1 Forme dupla com um colega, observem a foto desta página e conversem sobre as questões a seguir.

   a. Que tipo de produto está sendo produzido?

   b. Por que Juscelino fez investimentos nesse tipo de indústria?

2 Em sua opinião, qual camada da sociedade mais sofre quando o custo de vida aumenta com frequência? Por quê?

A nova capital: Brasília

No governo de Juscelino Kubitschek foi inaugurada Brasília, a nova capital federal, em 1960. Os principais órgãos da administração federal foram paulatinamente transferidos do Rio de Janeiro para a cidade recém-construída. O objetivo era promover o desenvolvimento do interior e a integração do país.

Brasília foi planejada pelo arquiteto Oscar Niemeyer e pelo urbanista Lúcio Costa e sua construção foi realizada por migrantes de vários estados do Brasil, que ficaram conhecidos como "candangos".

Brasília foi construída em tempo recorde. As obras foram iniciadas em 1957 e a inauguração ocorreu em 21 de abril de 1960. Na foto, feita por volta de 1958, obras da futura capital e parte da vegetação original da região – o Cerrado.

Capa do jornal *Correio do Povo*, de 25 de agosto de 1961.

Complô: plano secreto contra uma autoridade ou pessoa pública.

Jânio Quadros (1961)

Na sucessão de Juscelino, em janeiro de 1961, assumiu o candidato eleito Jânio Quadros. Durante a campanha para a presidência, Jânio prometeu combater a corrupção, conter a alta do custo de vida e governar sem contar com partidos políticos.

Sua aproximação com as camadas populares desagradava aos políticos da elite. Com a alegação de estar sendo pressionado e insinuando a existência de um **complô** contra seu governo, Jânio renunciou. Seu mandato durou apenas sete meses.

3 Leia a manchete do jornal *Correio do Povo* e responda: Quem deve assumir o governo quando o presidente renuncia?

João Goulart (1961-1964)

Com a renúncia de Jânio, assumiu o vice-presidente João Goulart, apesar da oposição de pessoas da elite e alguns militares.

Apoiado por grupos nacionalistas, sindicatos e trabalhadores, Jango (como era conhecido) apresentou um plano de reformas para diminuir as injustiças sociais no país. Faziam parte desse plano a distribuição de terras para os agricultores pobres e a definição de um limite à saída dos lucros das empresas estrangeiras instaladas no Brasil, para que fossem investidos no país.

Presidente João Goulart (à direita, segurando um de seus filhos) durante evento aberto ao público em Brasília, DF. Foto de 1961.

Em 13 de março de 1964, no Rio de Janeiro, Jango fez um discurso para cerca de trezentas mil pessoas defendendo suas propostas de reforma.

Seis dias depois, em São Paulo, cerca de 400 mil pessoas realizaram uma passeata contra os projetos do presidente, afirmando que suas reformas poderiam conduzir o país a uma revolução comunista.

O golpe militar

A tensão daquele momento foi a justificativa usada pelo Exército para intervir no governo. Em 31 de março de 1964, João Goulart foi deposto pelos militares, que tinham apoio de banqueiros, fazendeiros, industriais e grande parte das camadas médias da população.

Com o golpe, os militares assumiram o poder, iniciando outro período autoritário, conhecido como **ditadura militar**.

4 Converse com seus familiares ou conhecidos mais velhos para saber como foi a experiência deles quando os militares chegaram ao poder em 1964. Se for possível, pergunte como o Exército agiu nessa época, como a população soube do ocorrido e o que diziam os meios de comunicação. Em sala de aula, conte aos colegas o que descobriu.

A vida nos anos 1950-1960

Nas décadas de 1950 e 1960, a atividade industrial cresceu em ritmo acelerado. Esse crescimento gerou muitos empregos nas grandes cidades, especialmente nas da Região Sudeste, que se tornaram destino de muitos moradores do campo.

Eletrodomésticos da década de 1960.

Em busca de melhores condições de vida, as pessoas procuravam nas cidades trabalho em fábricas, no comércio e na construção civil.

Os brasileiros viviam agora em uma sociedade industrializada. O automóvel tornou-se símbolo do progresso, muitos alimentos começaram a ser enlatados, e as ofertas de eletrodomésticos se multiplicaram.

No início dos anos 1950, somente famílias ricas tinham televisor em casa. Já nos anos 1960, a indústria de televisores não parava de produzir aparelhos.

1 O processo de industrialização do Brasil, que teve início no governo de Getúlio, trouxe mudanças para a vida dos brasileiros. Converse com os colegas e o professor e anote, a seguir, suas conclusões.

a. Será que todas as pessoas tiveram acesso a essas mudanças?

b. Que benefícios essas mudanças poderiam proporcionar à população?

▪ Mudanças nos costumes

Com o crescimento das indústrias, principalmente as de bens duráveis, os eletrodomésticos tornaram-se mais acessíveis. Muitas pessoas, sobretudo as das camadas médias, passaram a ter geladeira, batedeira, máquina de lavar roupa, aspirador de pó, torradeira, ferro elétrico, ventilador, liquidificador, televisão, entre outros bens. Algumas famílias adquiriram também carro e telefone, que lhes proporcionaram conforto e comodidade.

As propagandas veiculadas na televisão começaram a influenciar o modo de vestir, os penteados e os hábitos de consumo da sociedade, estimulando a compra de vários produtos, como artigos de higiene pessoal, cigarros e bebidas. Isso ocorreu sobretudo por meio das telenovelas. Anteriormente, as novelas já haviam sido utilizadas no rádio, jornais e revistas para estimular o consumo de determinados produtos. Conheça mais sobre isso no objeto digital.

🔍 Registros

CONTEÚDO NA VERSÃO DIGITAL

Moda

Ao longo do tempo, o estilo de roupas, corte de cabelo, calçados e bolsas muda conforme a moda. Ela expressa usos, hábitos e costumes de um determinado momento.

Observe as fotos.

Cerca de 1870.   Cerca de 1880.   Década de 1960.   Década de 1960.

▪ Imagine que você recebeu um convite para uma festa à fantasia cujo tema é "anos 1960". Como seria sua fantasia?

_____
_____
_____
_____

■ Um mundo mais consciente

A partir dos anos 1960, jovens, mulheres, negros e outros grupos passaram a protestar contra as desigualdades sociais, a falta de liberdade, o preconceito sofrido pelos afrodescendentes, as guerras, a desigualdade entre homens e mulheres, o consumo exagerado.

Nem todos os protestos alcançaram seus objetivos, mas as manifestações abriram caminho para movimentos que se organizaram nas décadas seguintes, em todas as partes do mundo.

Movimentos jovens

Na década de 1960, em várias cidades brasileiras, muitos estudantes participaram de manifestações políticas que contestavam o autoritarismo do governo militar.

Essa década foi marcada pelo *rock and roll*, música de origem estadunidense que se difundiu no mundo todo. Os Beatles e os Rolling Stones – bandas inglesas de *rock* –, com suas músicas, influenciaram jovens de várias partes do mundo.

A calça *jeans*, a minissaia, os diversos modelos de tênis, os cabelos compridos e o modo informal de se comportar também eram símbolos de juventude e rebeldia.

Manifestação de estudantes no município de São Paulo contra a ditadura. Foto de 1968.

2 Em sua opinião, por que a maneira de se vestir, o corte de cabelo e o comportamento de uma pessoa podem expressar rebeldia?

3 Você conhece algum movimento de protesto (da atualidade ou do passado)? Qual? Conte o que você sabe sobre ele.

Movimento feminista

Na década de 1960, ganhou força o movimento feminista, que reivindicava o reconhecimento dos direitos da mulher, para que tivessem as mesmas liberdades dos homens. O uso dos novos **métodos contraceptivos** permitiu que elas tivessem mais controle sobre o momento de ter filhos, possibilitando maior dedicação aos estudos e ao trabalho.

Houve várias conquistas, mas a luta das mulheres continua, com reivindicações como igualdade salarial e redução da violência contra elas.

Em meados do século XX, aumentou o número de mulheres no mercado de trabalho. Foto da década de 1960.

Método contraceptivo: método utilizado para evitar a gravidez.
Fiança: valor, estipulado por um juiz, a ser pago ao Estado para que o acusado possa permanecer em liberdade até o julgamento.

Movimento negro

O movimento negro também ganhou impulso nos anos 1960, especialmente nos Estados Unidos, com o líder Martin Luther King. Adepto da não violência, conquistou a simpatia da população por sua luta e levou o governo a assegurar direitos iguais aos afrodescendentes, tornando-se um exemplo para o movimento negro.

No Brasil, os movimentos negros ganharam maior impulso a partir de 1970. Desde então, várias foram as conquistas. Desde 1988, por exemplo, racismo é crime punido com prisão e sem direito a pagamento de **fiança**.

Martin Luther King, durante manifestação nos Estados Unidos. Foto de 1963.

4 A luta das mulheres por seus direitos é bem anterior aos anos 1960.

a. No Brasil, qual foi o direito conquistado pelas mulheres em 1932?

_____

b. Ainda hoje, as mulheres lutam pela igualdade. Você sabe de alguma conquista recente das mulheres? Considere até dez anos atrás. Faça uma pesquisa em livros, jornais ou na internet e anote no caderno. Ao final, conte aos colegas o que você descobriu.

5 Continue esta história no caderno: A luta dos negros começou muitos anos atrás, na senzala e nos quilombos. Eles conseguiram...

Agora já sei!

1. Observe a ilustração. Um desenhista tinha de ilustrar uma história que se passava no Brasil, na década de 1960, sobre uma avó que adorava cozinhar. Ela fazia comidas maravilhosas. Como o desenhista não sabia quais eram os aparelhos que existiam naquela época, cometeu alguns erros. Você consegue identificá-los? Circule-os.

2. Leia estes artigos da Constituição de 1891 para responder às questões.

> Art. 2º – Cada uma das antigas Províncias formará um Estado e o antigo Município Neutro constituirá o Distrito Federal, continuando a ser a Capital da União, enquanto não se der execução ao disposto no artigo seguinte.
>
> Art. 3º – Fica pertencendo à União, no planalto central da República, uma zona de 14 400 quilômetros quadrados, que será oportunamente demarcada para nela estabelecer-se a futura Capital federal.

Constituição da República dos Estados Unidos do Brasil, 1891. Disponível em: <http://linkte.me/v3993>. Acesso em: 28 mar. 2016.

a. Em 1891, qual era a capital da União?

b. Quanto tempo se passou para que a capital federal prevista na Constituição de 1891 fosse construída no planalto Central?

120

3 Leia o texto e responda às questões a seguir.

> A industrialização realizada durante os anos 50 trouxe consigo a modernização do Brasil.
> Modernização dos homens, tornando-os cada vez mais urbanos. Modernização de seus pensamentos e hábitos, tornando-os consumistas. Modernização do modo de vida, das cidades, da arquitetura, das artes, da técnica, da ciência.
> A partir da segunda metade da década [de 1950], a expansão industrial passou a se refletir na estrutura populacional. A possibilidade de melhores condições de vida atraía as populações rurais [...]. [...]
> [...]
> A concentração de multidões nos grandes centros urbanos tornou-os palcos privilegiados da manifestação dos conflitos sociais que se agravaram com o rápido desenvolvimento [...].
> [...] nas reivindicações por melhores salários e contra a **carestia** que, durante os anos 50, resultaram em greves e protestos públicos que ocuparam as praças e ruas dos centros industriais do País.

Carestia: preços altos.

Marly Rodrigues. *A década de 50*: populismo e metas desenvolvimentistas no Brasil. 2. ed. São Paulo: Ática, 1994. p. 31-33. (Série Princípios).

a. De acordo com o texto, como se tornou o homem com a modernização?

b. O que atraía a população rural para as cidades?

c. Como as pessoas dos grandes centros urbanos reagiam aos problemas que surgiram com a modernização?

4 Hoje a maior parte da população brasileira vive nas cidades. Embora nos centros urbanos as pessoas tenham maior oferta de diversão, escolas e hospitais, elas também enfrentam problemas. Converse com os colegas e o professor.

a. Você sabe quais são os problemas mais frequentes nas grandes cidades?

b. De que maneira você solucionaria esses problemas?

c. Em sua opinião, o que você e os colegas podem fazer hoje para contribuir para a diminuição desses problemas?

CAPÍTULO 2 — Governos militares

Você já ouviu falar de música de protesto? E de música ufanista? Esses dois tipos de música marcaram o período de governos militares no Brasil. Leia as letras de música a seguir.

As praias do Brasil ensolaradas
O chão onde o país se elevou
[...]
O céu do meu Brasil tem mais estrelas.
O sol do meu país, mais esplendor
[...]
Eu te amo, meu Brasil, eu te amo
Meu coração é verde, amarelo, branco,
[azul anil
Eu te amo, meu Brasil, eu te amo
Ninguém segura a juventude do Brasil

Eustáquio Gomes Faria. Eu te amo, meu Brasil. Disponível em: <http://linkte.me/m04df>. Acesso em: 28 mar. 2016.

Hoje você é quem manda
Falou, tá falado
Não tem discussão
A minha gente hoje anda
Falando de lado
E olhando pro chão, viu
Você que inventou esse estado
E inventou de inventar
Toda a escuridão
[...]
Apesar de você
Amanhã há de ser
Outro dia

Chico Buarque. Apesar de você. Disponível em: <http://linkte.me/e6g97>. Acesso em: 28 mar. 2016.

---

1 Forme dupla com um colega para realizar as atividades a seguir.

a. Procurem os significados das palavras **ufanismo** e **protesto** em um dicionário e depois anotem esses significados abaixo. _____
_____
_____

b. Escolham uma cor para pintar o quadrinho referente à canção ufanista e outra cor para o quadrinho da canção de protesto. Preencham a legenda a seguir com as cores escolhidas.

☐ música ufanista   ☐ música de protesto

c. A letra da música de protesto fala sobre uma situação em que não há liberdade de expressão. Sublinhem no texto os versos que, na opinião de vocês, demonstram essa característica.

d. Vocês acham importante ter liberdade para se expressar? Por quê? Compartilhem a opinião de vocês com os colegas.

A ditadura

Entre 1964 e 1985 sucederam-se cinco presidentes militares no Brasil, todos eleitos indiretamente pelo Congresso Nacional e com poderes praticamente ilimitados.

Muitos políticos eleitos pelo voto direto, que se opunham ao golpe militar, tiveram seus mandatos cassados, isto é, cancelados.

Nesse período, os brasileiros não podiam votar para presidente e, depois, nem para governadores ou prefeitos das capitais.

O governo extinguiu todos os partidos políticos. Foram criados apenas dois, um que apoiava o governo, e outro que fazia oposição e tinha atuação limitada e controlada. As greves foram proibidas e os sindicatos sofreram intervenção do governo. Em 1967, a nova Constituição deu respaldo a todas essas medidas.

▪ As primeiras reações à ditadura

Muitos brasileiros eram contrários ao regime militar e às restrições aos direitos de cidadania e manifestavam seu descontentamento nas ruas, principalmente durante o ano de 1968.

Nas grandes cidades, os estudantes organizavam passeatas que quase sempre terminavam em confronto com a polícia. Muitos foram presos e alguns morreram nesses conflitos.

Os trabalhadores também se manifestavam por meio de greves.

1 Leia as manchetes da primeira página do jornal carioca *Última Hora* e a legenda.

   a. Qual foi a principal manchete do jornal?

   b. O jornal foi publicado quanto tempo depois da instalação da ditadura?

   c. Com base na manchete e no que você já sabe sobre a ditadura militar, qual era a situação do país naquele momento?

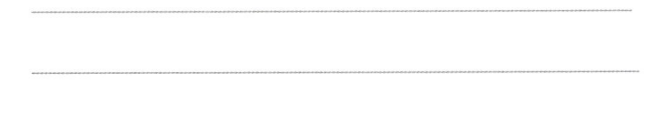

Primeira página do jornal *Última Hora*, de 1º de abril de 1969.

Anos de chumbo

Diante das diversas manifestações de protesto, o governo ficou ainda mais rígido. E o período de 1969 a 1974 ficou conhecido como "anos de chumbo".

A liberdade de expressão foi restringida. Nada podia ser exibido (peças de teatro, espetáculos, músicas, filmes) nem publicado (jornais, revistas, livros) sem a permissão do governo. O objetivo era evitar que as pessoas fossem informadas do que ocorria no país. Com isso, muitas vezes a imprensa foi obrigada a publicar poemas e receitas culinárias no lugar de artigos, fotografias e charges censuradas. Nesse período, o medo tomou conta das pessoas, pois quem se mostrava contrário às medidas do governo estava sujeito a ser preso, torturado, exilado e até morto.

Apesar disso, muitos compositores expressaram suas críticas ao regime nas músicas de protesto, transmitindo suas ideias de maneira sutil e disfarçada. Também houve brasileiros que tentaram derrubar o governo por meio da luta armada, mas foram derrotados.

— Foi você, Maria, ou já começou a Lei de Imprensa?

Ilustração publicada no jornal *Correio da Manhã*, do município do Rio de Janeiro, em 7 de outubro de 1966, ironizando a censura nos jornais.

1 As imagens a seguir mostram duas versões do jornal *O Estado de S. Paulo* do dia 10 de maio de 1973.

a. O que mudou de uma versão para outra?

b. Levante uma hipótese para a questão: Por que houve duas versões do jornal para o mesmo dia? Conte-a aos colegas.

O "milagre econômico"

Entre 1968 e 1973, houve um grande desenvolvimento na economia brasileira, devido principalmente aos investimentos e empréstimos estrangeiros. Essa prosperidade ficou conhecida como "milagre econômico". Nesse período foram feitas várias obras públicas de grande porte, a indústria de automóveis cresceu e as exportações brasileiras aumentaram. O lema do governo em relação à política econômica era "fazer o bolo crescer para então dividi-lo".

Em 1973, porém, o governo começou a enfrentar vários problemas. A dívida do Brasil com outros países era enorme, em grande parte por causa dos gastos com obras públicas. O custo de vida e o preço das mercadorias não paravam de subir, e a pobreza aumentava cada vez mais.

No final da década de 1970, o governo militar, desgastado, anunciou um lento retorno à democracia. Ao mesmo tempo, a luta dos brasileiros pela volta do regime democrático foi se fortalecendo. Em 1979, o governo finalmente concedeu **anistia** a todas as pessoas que haviam tido seus direitos cassados e às que tinham sido presas ou exiladas pela ditadura militar. No mesmo ano, foi permitida a criação de novos partidos políticos.

Anistia: perdão; não punição.

Anúncio publicado no jornal carioca *Última Hora*, em abril de 1968.

2 Observe o anúncio desta página e responda às questões.

   a. Você sabe o que significa a expressão "fundiu a cuca"? Explique.

   _____

   _____

   b. Naquela época, será que qualquer pessoa tinha condições de comprar os produtos anunciados? Conte sua opinião aos colegas.

   c. Com um colega, recorte anúncios de jornais ou revistas semelhantes a esse e compare-os. Existem semelhanças? E diferenças? Explique ao colega suas conclusões e ouça as conclusões dele.

Agora já sei!

1 Observe o mapa e responda às questões.

a. Sublinhe nas informações sobre o mapa o nome do órgão responsável pela coleta dos dados demonstrados nele.

b. No estado onde você mora, há ocorrências de cassação? São muitas ou poucas?

_____
_____

c. Qual é a diferença entre a cassação de direitos políticos na ditadura militar e na atualidade? Conte aos colegas.

Brasil: Políticos cassados — 2000 a 2006

• Municípios com ocorrências de cassações por crimes eleitorais

Fonte de pesquisa: Comitê Nacional do Movimento de Combate à Corrupção Eleitoral. Disponível em: <http://linkte.me/xu508>. Acesso em: 28 mar. 2016.

2 Observe o cartaz ao lado e responda: Como podemos relacionar esse anúncio ao período do "milagre econômico"?

_____
_____
_____
_____

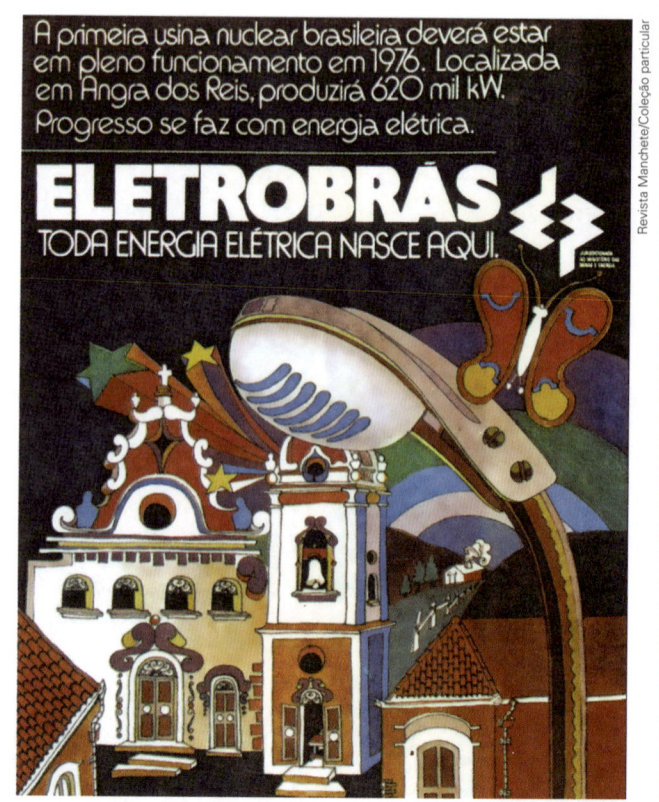

A primeira usina nuclear brasileira deverá estar em pleno funcionamento em 1976. Localizada em Angra dos Reis, produzirá 620 mil kW. Progresso se faz com energia elétrica.

ELETROBRÁS
TODA ENERGIA ELÉTRICA NASCE AQUI.

Anúncio de empresa do governo, publicado na revista *Manchete*, em 13 de outubro de 1973.

3 Leia o depoimento de uma estudante da Universidade Federal de Minas Gerais na época da ditadura militar e responda às questões.

> Em 1966 [...], se realizou, em Belo Horizonte, o Congresso Nacional da UNE [União Nacional dos Estudantes], clandestinamente, no convento dos padres franciscanos. O congresso foi descoberto pela polícia política, mas houve tempo [...] para uma retirada organizada. Lá encontravam-se centenas de estudantes de todo o país, e, de uma hora para outra, tornou-se necessário escondê-los [...], para evitar prisões. [...] Na lembrança de fatos como esses, registrei a grande solidariedade que permeava todas as nossas atividades. Nós nos gostávamos e nos respeitávamos, mesmo que houvesse divergências políticas. Havia uma grande alegria de viver e de fazer o que estávamos fazendo. [...]

Inês Etienne Romeu. Em: Heloisa B. de Hollanda e Marcos A. Gonçalves.
Cultura e participação nos anos 60. São Paulo: Brasiliense, 1986. p. 80.

a. Do que trata o texto?

_____

_____

b. Em sua opinião, que tipo de sentimento a ex-estudante tem a respeito do período militar?

4 Durante os governos militares, jornais e revistas publicavam charges e cartuns como crítica à ditadura. Veja a charge e responda às questões.

Charge publicada no jornal *Correio da Manhã*, no município do Rio de Janeiro, em 26 de junho de 1968.

a. Quem é o autor e que crítica ele faz à ditadura?

_____

_____

b. Em sua opinião, é possível estabelecer um diálogo da maneira como mostra a charge? Por quê? Discuta a questão com os colegas.

CAPÍTULO 3 — A democracia de novo

Hoje o Brasil é uma república presidencialista, cujos representantes são escolhidos em eleições diretas. É um país de regime democrático. Além de garantia de direitos políticos, qual é o significado da democracia para a sociedade brasileira? E o significado da cidadania?

Conheça um exemplo do exercício da cidadania em uma sociedade democrática que ocorreu no estado de São Paulo, em 2015. Nesse ano, o governo estadual iniciou um plano de reorganização escolar e decretou o fechamento de cerca de 93 escolas estaduais. A notícia a seguir aborda a reação de parte da sociedade diante dessa decisão.

> [...] há cerca de 200 escolas ocupadas no estado de São Paulo em protesto contra a reorganização. Os alunos pedem que a reorganização seja suspensa em 2016 para que seja discutida com a comunidade escolar [...].
>
> [...]
>
> As mudanças propostas pelo governo têm causado uma onda de protestos desde que foram anunciadas no final de setembro [de 2015] – em um primeiro momento, estudantes e professores contrários à medida fizeram passeatas e, desde o dia 9 de novembro [de 2015], estudantes ocupam escolas no Estado [...].

Estudantes em assembleia durante a ocupação da Escola Estadual Fernão Dias Paes, no município de São Paulo. Foto de 2015.

Alckmin publica decreto que transfere servidor para reorganização escolar. Uol Educação, 1º dez. 2015. Disponível em: <http://linkte.me/s87ra>. Acesso em: 28 mar. 2016.

1 De que modo parte da sociedade reagiu ao fechamento das escolas públicas? O que foi reivindicado?

2 Os estudantes e os professores da rede pública de São Paulo estão lutando por seus direitos de forma democrática. Isso seria possível durante a ditadura militar? Por quê?

O início de uma Nova República

No início dos anos 1980, a anistia, o fim da censura aos meios de comunicação e a volta das manifestações públicas foram conquistas importantes. Mas a sociedade também desejava escolher seus governantes.

Em 1984, diferentes setores da sociedade organizaram manifestações para reivindicar eleições diretas. O movimento ganhou força. Em diversas cidades do país, centenas de milhares de pessoas ocuparam praças e ruas em comícios que pediam diretas já, nome pelo qual ficou conhecido o movimento.

Apesar das pressões, o Congresso Nacional não aprovou o retorno das eleições diretas para presidente.

▪ Um presidente civil e a nova Constituição

Em janeiro de 1985, em eleição indireta, o Congresso escolheu o primeiro presidente civil depois de mais de vinte anos de militares no poder. **Tancredo Neves** foi eleito presidente, marcando o fim da ditadura militar.

Em 1986, foram realizadas eleições para escolher deputados e senadores da Assembleia Constituinte, que elaboraria uma nova Constituição. Em 1988, foi promulgada a Carta Magna que vigora até hoje.

Tancredo Neves: presidente eleito que não tomou posse do cargo, pois adoeceu e veio a falecer em 21 de abril de 1985. Assumiu o vice-presidente José Sarney.

Entre as conquistas da Constituição de 1988, destacam-se: eleição direta de presidente, governadores e prefeitos; voto obrigatório para os brasileiros e as brasileiras entre 18 e 70 anos de idade, alfabetizados, e voto facultativo (não obrigatório) para os analfabetos, maiores de 70 anos e jovens de 16 e 17 anos; pena de prisão para os crimes de racismo; demarcação das terras indígenas; direitos iguais para trabalhadores rurais e urbanos.

Foto da sessão em que foi promulgada a Constituição de 1988, em Brasília, DF.

1 A atual Constituição é conhecida como Constituição Cidadã. Em sua opinião, por que ela recebeu esse nome?

■ Os povos indígenas e a Constituição de 1988

A Constituição de 1988 assegurou aos povos indígenas o direito de viver de acordo com sua cultura, ou seja, preservar e transmitir seus costumes, suas crenças, línguas e tradições.

Como você estudou nos volumes 2 e 3 desta coleção, o direito dos povos indígenas a uma educação que valoriza o conhecimento de cada povo também foi garantido pela Constituição de 1988.

■ As terras indígenas

Essa Constituição assegurou ainda, aos povos indígenas, o direito à posse das terras que tradicionalmente ocupam. A posse da terra é importante para os povos indígenas porque é nela que eles desenvolvem as atividades necessárias para sua sobrevivência e preservam seus costumes e suas tradições.

Apesar disso, eles enfrentam a pressão de garimpeiros, madeireiros e outros grupos que buscam explorar os recursos existentes em suas terras.

Líderes indígenas de vários povos protestam em Brasília, DF, contra a proposta de lei que muda as regras de demarcação dos territórios indígenas. Foto de 2013.

2 Veja o que diz o artigo 231 da Constituição sobre os direitos indígenas.

> Art. 231 – São reconhecidos aos índios sua organização social, costumes, línguas, crenças e tradições, e os direitos originários sobre as terras que tradicionalmente ocupam, competindo à União demarcá-las, proteger e fazer respeitar todos os seus bens.

Constituição da República Federativa do Brasil, 1988. Disponível em: <http://linkte.me/n0699>. Acesso em: 1º dez. 2015.

■ De acordo com esse artigo da Constituição, o que as autoridades do governo devem fazer em relação às terras indígenas?

■ Eleição direta para presidente

Em 1989, os brasileiros elegeram pelo voto direto o presidente Fernando Collor de Mello. O Brasil passava por grave crise econômica e, para solucioná-la, o presidente lançou um pacote de medidas que não funcionaram.

Além disso, recaíram sobre o governo denúncias de corrupção. Pressionado pela sociedade, o Congresso Nacional afastou o presidente. Em dezembro de 1992, Collor renunciou.

Itamar Franco, o vice-presidente, assumiu o governo e lançou o Plano Real, sob a coordenação do então ministro da Fazenda Fernando Henrique Cardoso, estabilizando a economia.

Na sucessão de Itamar Franco, venceu as eleições Fernando Henrique, que governou por oito anos, pois foi reeleito.

Em 2002, assumiu o governo Luiz Inácio Lula da Silva, primeiro presidente oriundo da classe operária e que foi líder sindical. Em 2006, Lula foi reeleito e governou por mais quatro anos.

Nas eleições de 2010, foi eleita a primeira mulher para o cargo de presidente do Brasil: Dilma Rousseff. Em 2014, ela foi reeleita.

Manifestação na capital de São Paulo pelo *impeachment* (impedimento) do presidente Collor de Mello. Foto de 1992.

3 Agora o historiador é você!

a. Entreviste uma pessoa que tenha mais de 58 anos. Peça a ela que fale sobre as lembranças que tem dos governos de Sarney, Collor e Itamar Franco.

b. Pergunte a essa mesma pessoa se o Plano Real trouxe mudanças à vida dela. Em caso afirmativo, pergunte quais foram essas mudanças.

c. Anote as informações no caderno. Depois conte aos colegas e ao professor o que descobriu.

Desigualdade e exclusão social

A Constituição de 1988 instituiu os direitos fundamentais dos brasileiros. São direitos e deveres que garantem o exercício da cidadania. Leia os seguintes artigos da Constituição.

> Art. 5º – Todos são iguais perante a lei, sem distinção de qualquer natureza, garantindo-se aos brasileiros e aos estrangeiros residentes no País a inviolabilidade do direito à vida, à liberdade, à igualdade, à segurança e à propriedade [...].
>
> Art. 6º – São direitos sociais a educação, a saúde, o trabalho, a moradia, o lazer, a segurança, a previdência social, a proteção à maternidade e à infância, a assistência aos desamparados, na forma desta Constituição.

Constituição da República Federativa do Brasil. São Paulo: Saraiva, 2007. p. 5 e 12.

Observe as fotografias.

Moradia de uma pessoa que vive sob um viaduto no município de São Paulo, em 2013.

Família afrodescendente durante a refeição no município de São Paulo, em 2013.

Enfermeiros protestam por aumento de salário e melhores condições de trabalho em frente à Câmara Municipal de Recife, PE, em 2013.

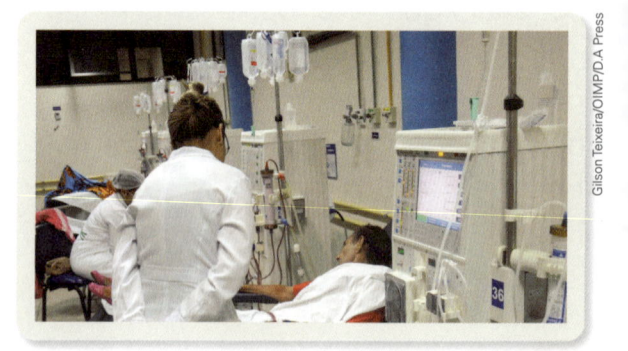

Médica observa paciente em hospital de São Luís, MA, em 2014.

1 De acordo com as fotos acima, os direitos estabelecidos na Constituição são sempre respeitados? Justifique sua resposta.

_____

_____

+ SAIBA MAIS

Você se lembra de que em 1950, no Brasil, somente pessoas ricas tinham aparelho de televisão? Em cerca de 50 anos, a televisão tornou-se um dos principais veículos de comunicação do país, acessível a quase todos os brasileiros (cerca de 90% das residências).

Hoje, a sociedade necessita de informações o tempo todo, e a expectativa é que os meios de transmissão sejam cada vez mais velozes. Além da televisão, do rádio, do telefone e do jornal, outros meios são utilizados para atender a essas necessidades.

Atualmente, um dos meios mais eficientes e velozes é a internet, a rede mundial de computadores. Pela internet pode-se ter acesso rápido a todo tipo de dados armazenados, acervo de museus e *sites* oficiais de governos, institutos de pesquisas, universidades e organizações não governamentais (ONGs).

No Brasil ainda há pessoas que não têm acesso a esse meio. Projetos têm sido desenvolvidos para que um número cada vez maior de pessoas tenha acesso ao uso de computadores e da internet. Uma das iniciativas visa instalar equipamentos em locais públicos, como escolas e bibliotecas. Outra iniciativa tem sido facilitar a aquisição ou o financiamento de computadores pelas famílias interessadas.

Professor e alunos durante aula na sala de informática de uma escola municipal de Tamboril, CE. Foto de 2013.

1 Por que é importante ter acesso a computador e internet nos dias atuais?

2 Você já usou ou costuma usar a internet? Para quê?

▪ Cidadania hoje

No início deste capítulo, você viu uma situação em que estudantes e demais membros da comunidade escolar lutam para manter escolas abertas, garantindo o direito de acesso à educação pública. Isso mostra, entre outras coisas, que a sociedade brasileira está atenta às medidas estabelecidas pelo governo e que todos precisamos participar, de algum modo, das decisões tomadas pelos representantes políticos.

E, afinal, quem é o responsável pelo país? O governo? Sua família? Você? Ou será que somos todos nós?

2 Nas páginas 149 a 151, há seis fotos que correspondem aos espaços vazios a seguir. Leia as legendas e observe as imagens. Em seguida, recorte e cole em cada espaço vazio a foto que corresponde à legenda.

Vista de um bairro inundado na cidade de Governador Valadares, MG. No Brasil, milhões de pessoas vivem em áreas com risco de enchentes, sujeitas a inundações e desmoronamentos provocados pelas chuvas. Foto de 2012.

Vista de um conjunto habitacional em Sem Peixe, MG. Mesmo com a construção de moradias populares, parte dos brasileiros ainda vive em habitações precárias. Foto de 2013.

Crianças brincam em parque público no município de São Paulo. É importante que as comunidades tenham espaços públicos de lazer. Foto de 2012.

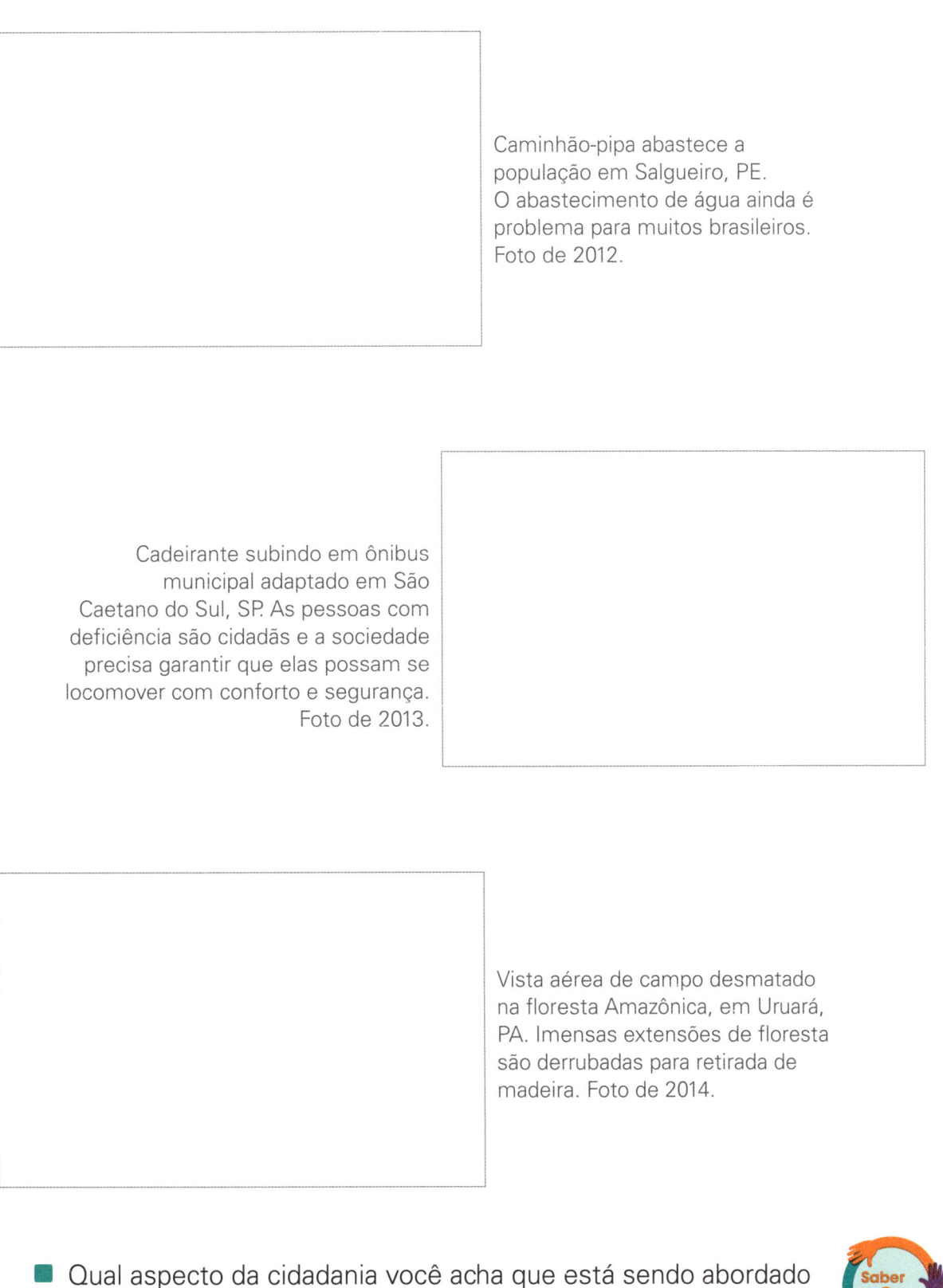

Caminhão-pipa abastece a população em Salgueiro, PE. O abastecimento de água ainda é problema para muitos brasileiros. Foto de 2012.

Cadeirante subindo em ônibus municipal adaptado em São Caetano do Sul, SP. As pessoas com deficiência são cidadãs e a sociedade precisa garantir que elas possam se locomover com conforto e segurança. Foto de 2013.

Vista aérea de campo desmatado na floresta Amazônica, em Uruará, PA. Imensas extensões de floresta são derrubadas para retirada de madeira. Foto de 2014.

- Qual aspecto da cidadania você acha que está sendo abordado em cada foto recortada e colada? Elas se referem ao respeito ou desrespeito aos direitos de cidadania? Como garantir os direitos de cidadania para todos os brasileiros? Converse com os colegas e o professor.

Agora já sei!

1 Você sabe o que é discriminação? Leia o texto e responda às questões.

> [...] Nas sociedades humanas, muitas vezes, trata-se mal aquele que tem uma identidade diferente do grupo, outra nacionalidade, outra religião ou outras características físicas... Essa atitude de rejeição aos outros se chama **discriminação**.
>
> Existe todo tipo de discriminação e em todas as áreas: no trabalho, na escola, nos bairros residenciais. As mulheres, por exemplo, nem sempre têm reconhecidos os mesmos direitos que os homens. As pessoas idosas, às vezes, são consideradas inúteis. Muitos jovens têm dificuldade em encontrar um lugar na sociedade [...]. Os deficientes visuais e auditivos são frequentemente postos de lado e sua capacidade para viver em sociedade não é realmente reconhecida. Os homossexuais por vezes também têm dificuldades em ser aceitos. [...]

Odile Gandon. Para entender o mundo: os grandes desafios de hoje e de amanhã.
São Paulo: SM, 2007. p. 38.

a. O que você entendeu por discriminação? Explique com suas palavras.

_____
_____
_____

b. A atual Constituição permite a discriminação? Justifique sua resposta.

_____
_____
_____

c. Você já passou por alguma situação em que se sentiu discriminado? O que aconteceu?

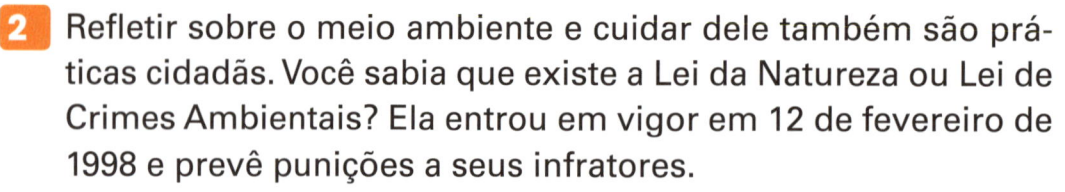

2 Refletir sobre o meio ambiente e cuidar dele também são práticas cidadãs. Você sabia que existe a Lei da Natureza ou Lei de Crimes Ambientais? Ela entrou em vigor em 12 de fevereiro de 1998 e prevê punições a seus infratores.

a. Em sua opinião, por que foi necessária uma lei para proteger o meio ambiente? Converse com os colegas e o professor.

b. O que você pode fazer para ajudar a preservar o meio ambiente?

_____
_____
_____

3 Após a aprovação da Constituição de 1988, outras leis foram estabelecidas. Leia os textos, observe as imagens e converse com os colegas e o professor sobre as questões a seguir.

Saber Ser

> **Art. 3º** – É obrigação da família, da comunidade, da sociedade e do Poder Público assegurar ao idoso, com absoluta prioridade, a efetivação do direito à vida, à saúde, à alimentação, à educação, à cultura, ao esporte, ao lazer, ao trabalho, à cidadania, à liberdade, à dignidade, ao respeito e à convivência familiar e comunitária.

Estatuto do Idoso – 2003. Disponível em: <http://linkte.me/qk54i>. Acesso em: 28 mar. 2016.

> **Art. 5º** – Nenhuma criança ou adolescente será objeto de qualquer forma de negligência, discriminação, exploração, violência, crueldade e opressão, punido na forma da lei qualquer atentado, por ação ou omissão, aos seus direitos fundamentais.

Estatuto da Criança e do Adolescente – 1990. Disponível em: <http://linkte.me/n7986>. Acesso em: 28 mar. 2016.

Criança trabalhando na feira de São Joaquim, Salvador, BA. Foto de 2013.

Idoso praticando esporte em praia do Recife, PE. Foto de 2012.

a. Do que trata cada um desses estatutos e quando foram criados?

b. Em qual das imagens um dos estatutos não está sendo respeitado? Qual é o nome desse estatuto?

c. Em qual das imagens o direito ao esporte e ao lazer está sendo respeitado?

> http://linkte.me/kdine
> O *site* da Turminha do Ministério Público Federal (MPF) trata de temas diversos, como eleições, direitos das crianças, a cidadania no dia a dia, etc., por meio de vídeos, textos e jogos. Acesso em: 28 mar. 2016.

✏️ Vamos fazer!

Jogos

Você sabe o que significa a palavra "república"? Significa "coisa pública", isto é, do interesse de todos os cidadãos. Porém, de acordo com o que você estudou, foi justamente ao longo da **história republicana brasileira** que as condições de **cidadania** variaram. Nas **ditaduras**, a participação política ficou suspensa e muitos cidadãos foram perseguidos. Nos **governos democráticos**, greves e manifestações foram ações da sociedade brasileira que levaram a importantes **conquistas** e **mudanças** nos rumos da história do país.

A história da cidadania no Brasil é repleta de conceitos importantes, como os destacados no parágrafo anterior e os afixados no mural abaixo. Que tal você e os colegas criarem jogos relacionados a esses assuntos?

Do que vocês vão precisar

- cartolina
- tintas, pincéis, lápis de cor, giz de cera, canetas hidrográficas
- cola, tesoura com pontas arredondadas, régua
- adesivos, papéis coloridos, purpurina, brocal
- revistas e jornais velhos

Como fazer

1. Organização dos grupos

Com a ajuda do professor, dividam-se em grupos. Para definir o número de alunos em cada grupo, façam uma rápida votação. Cada grupo deve se reunir para definir o jogo, a divisão de tarefas entre os membros e os procedimentos para a execução do trabalho. Se julgarem necessário ter um líder, os membros do grupo devem escolhê-lo.

138

2. Tipos de jogos

Com o grupo reunido, verifiquem os diferentes tipos de jogos que conhecem. Por exemplo: jogos com dados, jogos de tabuleiro, jogos de fichas, jogos de cartas, jogos coletivos, jogos com bola. Comentem sobre as regras, o número de participantes, como são jogados, como se vence. Depois, decidam de que tipo será o jogo que vocês farão.

3. Criação

Em papéis de rascunho, façam esboços do jogo. Se for de tabuleiro, por exemplo, determinem como ele vai ser. Definam as regras, o número de participantes, como se joga. Mas lembrem-se de que o jogo deve estar relacionado a um tema sobre o exercício da cidadania.

4. Execução

Agora, mãos à obra! Com base nos esboços que fizeram, elaborem o jogo usando os materiais disponíveis. Lembrem-se de escrever as instruções do jogo. Para isso, vocês podem utilizar o modelo ao lado. Esse documento deverá acompanhar o jogo. Depois que ele estiver pronto, joguem para testar as regras e verificar se não é necessário fazer alterações. Pronto!

5. Trocando os jogos

Com a ajuda do professor, troquem os jogos. Cada grupo deverá ficar com um jogo.

Se quiserem, é possível fazer uma votação para eleger o jogo de que mais gostaram.

O que aprendi?

1 Na história republicana do Brasil, houve dois períodos ditatoriais. Preencha o quadro a seguir com os dados sobre esses dois períodos.

Quem estabeleceu a ditadura	Nome do período histórico	Época em que ocorreu

2 Nos governos populistas, as indústrias de bens duráveis tiveram grande expansão. Observe as fotografias e leia as legendas.

a. Procure em jornais, revistas ou folhetos de propaganda imagens dos modelos atuais desses eletrodomésticos. Depois, recorte e cole as imagens no caderno.

b. Observando as imagens do livro e do caderno, escreva um pequeno texto sobre esses eletrodomésticos: como eram e como são, suas vantagens e desvantagens. Depois, adapte seu texto ao estilo de propaganda.

c. Com o auxílio do professor, crie "A hora da propaganda". Leia seu texto como um locutor de rádio ou apresentador de TV.

Ferro de passar roupa, 1910.

Ferro de passar roupa, 1950.

Liquidificador, 1952.

Liquidificador, 1960.

3 A Constituição de 1988 garantiu aos povos indígenas a posse da terra em que eles tradicionalmente vivem. Leia o texto a seguir e responda à questão.

> Nós temos o nosso jeito de viver, de se organizar, de lidar com as coisas. Cada reza é para uma coisa: para ter uma plantação, para ter saúde, para não vir uma tempestade e destruir tudo. Temos rezas para eclipse do sol. [...]
> Para toda essa cultura continuar viva nós precisamos da terra. Essa cultura funciona com a terra. Não temos como viver assim na beira de uma estrada nem num canto de uma fazenda. Enquanto não tiver a terra, não tem como viver.
> Muitas pessoas brancas acham que o índio só quer terra. Mas a vida do índio depende da terra. [...]

Carta dos rezadores e rezadoras Guarani e Kaiowá, 27 jul. 2013. Conselho Indigenista Missionário. Disponível em: <http://linkte.me/hk42d>. Acesso em: 20 abr. 2016.

- Em sua opinião, a Constituição de 1988 está sendo cumprida no que diz respeito ao direito dos indígenas à terra? Explique sua opinião aos colegas.

4 Observe as fotografias e crie no caderno uma linha do tempo relacionando-as aos governos estudados nesta unidade. Você pode acrescentar outras informações que achar necessárias.

Comício contra a carestia, realizado no município do Rio de Janeiro em setembro de 1959.

Tanques invadem Brasília durante o golpe militar de 1964.

Manifestação do movimento Diretas Já, em Belo Horizonte, MG, 1984.

Manifestação de estudantes contra o fechamento das escolas estaduais no município de São Paulo, em 2015.

Sugestões de leitura

Unidade 1

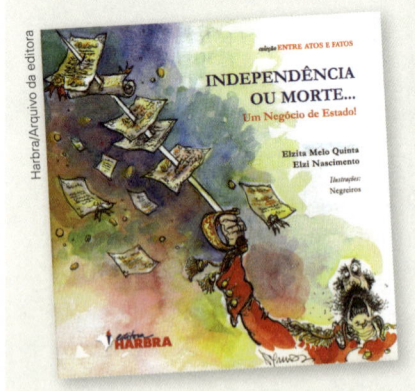

Independência ou morte...: um negócio de Estado!, de Elzita M. Quinta e Elzi Nascimento. Editora Harbra.
O livro apresenta a história da independência do Brasil. Quem gritou você já sabe. Mas quem ouviu? Leia esse livro para ir além das margens do Ipiranga e mergulhar em águas mais profundas da História.

D. João Carioca: a corte portuguesa chega ao Brasil (1808-1821), de Lilia Moritz Schwarcz e Spacca. Editora Companhia das Letras.
Toda a aventura da transferência da corte portuguesa em quadrinhos. Dom João nunca foi tão brasileiro!

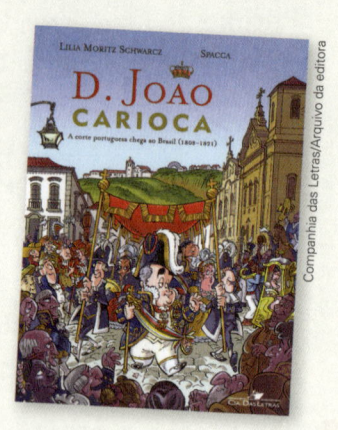

Unidade 2

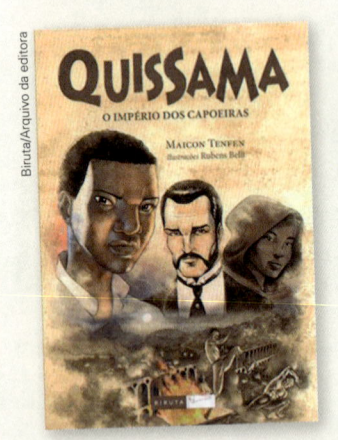

Quissama: o império dos capoeiras, de Maicon Tenfen. Editora Biruta.
Em 1868, o garoto Vitorino Quissama foge da senzala para procurar sua mãe. Ele encontra Daniel, que vai ajudá-lo nessa missão. A dupla se depara com as injustiças de uma sociedade sustentada pelo trabalho escravo.

Luiz Gama: a luta de cada um, de Myriam Fraga. Callis Editora.
Filho de uma africana liberta, Luiz foi escravizado ainda menino. Fugiu, trabalhou muito, estudou e tornou-se advogado e um grande lutador pela libertação de todos os escravizados. É a história desse importante baiano que você vai conhecer nesse livro.

Unidade 3

Lampião e Maria Bonita: o rei e a rainha do cangaço, de Liliana Iacocca. Editora Ática.
Poesia e simplicidade mostram como o casal mais famoso do cangaço conviveu com a miséria e a violência na paisagem castigada do sertão nordestino.

A quadratura do círculo, de Edy Lima. Editora Scipione.
Com base nas memórias da autora, esse livro traz sete histórias passadas em Bagé, no Rio Grande do Sul, do final dos anos 1920 até a década de 1940. Você vai conhecer um pouco sobre as brincadeiras, a vida na escola, as comidas e os costumes das famílias dessa comunidade naquela época.

Unidade 4

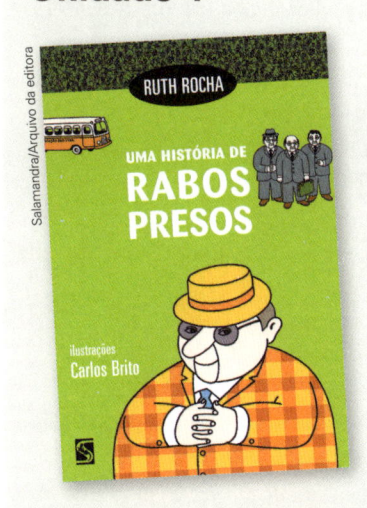

Uma história de rabos presos, de Ruth Rocha. Editora Salamandra.
Na cidade imaginária de Egolândia, misteriosamente começam a crescer rabos em políticos e cidadãos corruptos. Inspirada na expressão "rabo preso", a autora cria uma história divertida, que nos ajuda a pensar sobre ética e política.

A bússola e a balança: por um mundo mais justo, de Maria Lúcia de Arruda Aranha. Editora Moderna.
Esse livro traz uma interessante discussão sobre a importância da construção da justiça para que as pessoas tenham oportunidades iguais e para que não haja excluídos.

Bibliografia

ANTUNES, Maria Fernanda; MARANHÃO, Ricardo. *Anos 50*: indústria e greve. São Paulo: Ática, 2004.

BARROS, Edgard. *O Brasil de 1945 a 1964*. São Paulo: Contexto, 2001 (Coleção Repensando a História).

BERTOLLI FILHO, Cláudio. *De Getúlio a Juscelino*: 1945-1961. São Paulo: Ática, 2000 (Coleção Retrospectiva do Século XX).

BITTENCOURT, Circe (Org.). *O saber histórico em sala de aula*. São Paulo: Contexto, 1997.

BOSI, Ecléa. *Memória e sociedade*: lembranças de velhos. São Paulo: Companhia das Letras, 2007.

CALDEIRA, Jorge. *Viagem pela História do Brasil*. São Paulo: Companhia das Letras, 1999.

CAMPOS, Raymundo Carlos B. *Viagem ao nascimento de uma nação*. São Paulo: Atual, 1996.

CARNIER JR., Plínio. *Imigrantes*: viagem, trabalho, integração. São Paulo: FTD, 2000.

CAVALLEIRO, Eliane. *Do silêncio do lar ao silêncio escolar*: racismo, preconceito e discriminação na educação infantil. São Paulo: Contexto, 2000.

CUNHA, Manuela Carneiro da (Org.). *História dos índios no Brasil*. São Paulo: Companhia das Letras/Secretaria Municipal de Cultura/Fapesp, 1992.

DECCA, Edgar S. de. *O nascimento das fábricas*. São Paulo: Brasiliense, 1995.

FAUSTO, Boris. *História do Brasil*. São Paulo: Edusp-FDE, 1999.

FERNANDES, Florestan. *O negro no mundo dos brancos*. São Paulo: Difel, 1972.

FICO, Carlos. *O regime militar no Brasil (1964-1985)*. São Paulo: Saraiva, 1999 (Coleção Que História é Esta?).

FUNARI, Pedro Paulo A.; SILVA, Glaydson José da. *Teoria da História*. São Paulo: Brasiliense, 2008.

GANDON, Odile. *Para entender o mundo*: desafios de hoje e de amanhã. São Paulo: SM, 2007.

HOLLANDA, Heloisa B. de; GONÇALVES, Marcos A. *Cultura e participação nos anos 60*. São Paulo: Brasiliense, 1986.

IGLESIAS, Francisco. *Trajetória política do Brasil*: 1500-1964. São Paulo: Companhia das Letras, 1993.

KARNAL, Leandro (Org.). *História na sala de aula*. São Paulo: Contexto, 2003.

LYRA, Maria de Lourdes V. *O império em construção*: Primeiro Reinado e Regências. São Paulo: Atual, 2000.

MARTINS, Ana Luiza. *O trabalho nas fazendas de café*. São Paulo: Atual, 1994.

MATTOS, Ilmar R. de; ALBUQUERQUE, Luís A. S. de. *Independência ou morte*. São Paulo: Atual, 1991.

_____; MATTOS, Selma R. de. *O Rio de Janeiro, capital do reino*. São Paulo: Atual, 2003.

MAURO, Frédéric. *O Brasil no tempo de dom Pedro II*: 1831-1889. São Paulo: Companhia das Letras, 1991 (Coleção A Vida Cotidiana).

MORAES, José Geraldo V. de. *Cidade e cultura urbana na Primeira República*. São Paulo: Atual, 1994 (Coleção Discutindo a História do Brasil).

NAPOLITANO, Marcos. *O regime militar brasileiro*: 1964-1985. São Paulo: Atual, 1998 (Coleção Discutindo a História do Brasil).

NOVAIS, Fernando (Org.). *História da vida privada no Brasil*. São Paulo: Companhia das Letras, 1997. v. 1, 2, 3 e 4.

OLIVEIRA, Luiz André Ferreira de. *Getúlio Vargas e o desenvolvimento do rádio no país*: um estudo do rádio de 1930 a 1945. 2006. 209 p. Dissertação (Mestrado em Bens Culturais e Projetos Sociais) – FGV/CPDOC, Rio de Janeiro.

OLIVEIRA, Roberson. *As rebeliões regenciais*. São Paulo: FTD, 1996.

PETTA, Nicolina L. de. *A fábrica e a cidade até 1930*. São Paulo: Atual, 1995 (Coleção A Vida no Tempo).

PIAGET, Jean. *A psicologia da inteligência*. Rio de Janeiro: Fundo de Cultura, 1958.

PINSKY, Jaime (Org.). *O ensino de história e a criação do fato*. São Paulo: Contexto, 1988.

PORTA, Paula. *A corte portuguesa no Brasil (1808-1821)*. São Paulo: Saraiva, 1997 (Coleção Que História é Esta?).

RIBEIRO, Darcy. *Os índios e a civilização*: a integração das populações indígenas no Brasil moderno. São Paulo: Companhia das Letras, 1996.

RODRIGUES, Marly. *A década de 50*: populismo e metas desenvolvimentistas no Brasil. São Paulo: Ática, 1993 (Coleção Princípios).

_____. *A década de 80*: Brasil, quando a multidão voltou às praças. São Paulo: Ática, 1999 (Coleção Princípios).

SALVADORI, Maria Angela B. *Cidades em tempos modernos*. São Paulo: Atual, 1995.

SCHWARCZ, Lilia M. *As barbas do imperador*: D. Pedro II, um monarca nos trópicos. São Paulo: Companhia das Letras, 1998.

SILVA, Aracy Lopes da; GRUPIONI, Luís Donisete Benzi (Org.). *A temática indígena na escola*: novos subsídios para professores de 1º e 2º graus. São Paulo: Global, 2004.

SILVEIRA, Marco A. *A volta da democracia no Brasil*. São Paulo: Saraiva, 1998 (Coleção Que História é Esta?).

SOUZA, Iara Lis S. C. *A república do progresso*. São Paulo: Atual, 1994 (Coleção A Vida no Tempo).

SPÓSITO, Eliseo S. *A vida nas cidades*. São Paulo: Contexto, 2004.

TEBEROSKY, Ana; COLL, César. *Aprendendo História e Geografia*. São Paulo: Ática, 2000.

VYGOTSKY, Lev Semenovich. *Pensamento e linguagem*. São Paulo: Martins Fontes, 1991.

WILCKEN, Patrick. *Império à deriva*. Rio de Janeiro: Objetiva, 2005.

ZABALA, Antoni. *A prática educativa*. Porto Alegre: Artmed, 1998.

Recortar e colar

Página 34 › Atividade 1

Retorno de dom João VI para Portugal	Fundação da Biblioteca Nacional	Abertura dos portos às nações amigas
Dia do Fico	Transferência da capital para o Rio de Janeiro	Abolição da escravatura
Elevação do Brasil a reino	Fundação da cidade de São Vicente	Proclamação da Independência

Página 57 › Atividade 5

Recortar e colar

Página 97 › **Atividade 2**

E	S	B	A	U	Y	E	M	A	B	E	T	U	M	G	A	N
L	U	N	O	C	V	S	S	T	E	L	E	S	F	A	T	E
K	S	E	C	R	E	T	O	L	T	I	R	U	A	R	I	G
M	P	A	N	M	B	V	L	A	I	P	J	P	L	A	M	R
A	E	Z	W	E	A	C	D	E	S	A	O	O	H	N	P	O
Z	N	T	L	L	C	T	A	Z	S	D	I	R	E	T	A	S
U	S	R	E	A	F	A	D	C	O	R	N	E	N	I	P	O
P	O	G	I	M	T	R	O	E	I	E	D	T	R	D	O	A
E	S	L	P	U	M	I	S	U	M	S	I	E	S	O	A	T
R	E	V	O	L	U	C	I	O	N	A	R	I	O	S	E	M
I	V	U	A	H	S	R	T	C	A	R	E	T	E	S	D	A
V	V	S	F	E	E	Y	L	A	N	C	T	O	L	I	M	A
Z	X	U	K	R	I	A	N	A	L	F	A	B	E	T	O	S
X	O	W	D	E	A	B	E	R	T	O	S	J	A	T	E	O
V	C	Z	C	S	E	M	E	L	E	C	L	E	A	P	U	I

Página 99 › **Seção Registros**

147

Recortar e colar

Página 102 › Atividade 3

| Lei de proteção ambiental | Estatuto da Criança e do Adolescente | Legislação sindical |

| Legislação trabalhista, que regula as condições de trabalho | Legislação previdenciária | Código de Defesa do Consumidor |

| Legislação do trânsito | Direitos humanos |

Páginas 134-135 › Atividade 2

Recortar e colar

Páginas 134-135 › Atividade 2

151